杰出青少年的7个习惯

成长版

THE 7 HABITS OF HIGHLY EFFECTIVE TEENS

[美] 肖恩·柯维 Sean Covey

中国青年出版社
CHINA YOUTH PRESS

图书在版编目（CIP）数据

杰出青少年的7个习惯（成长版）/（美）柯维著；陈允明等译.
—北京：中国青年出版社，2015.8
书名原文：The Habits of Highly Effective Teens
ISBN 978-7-5153-3515-5

Ⅰ.杰… Ⅱ.①柯… ②陈… Ⅲ.①习惯性—能力培养—青少年读物
Ⅳ.①B842.6-49

中国版本图书馆CIP数据核字（2015）第163920号

Chinese translation Copyright © 2002 by
CHINA YOUTH PUBLISHING HOUSE
Copyright © 1998 FranklinCovey Company
The 7 Habits of Highly Effective Teens.
Franklin Covey and the FC Logo and trademarks are trademarks of
FranklinCovey Co. and their use is by permission.

杰出青少年的7个习惯（成长版）

作　　者：	[美]肖恩·柯维
译　　者：	陈允明　王建华　葛雪蕾　杨　真　宋彩平
责任编辑：	周　红
美术编辑：	李　甦
出　　版：	中国青年出版社
发　　行：	北京中青文文化传媒有限公司
电　　话：	010-65511272 / 65516873
公司网址：	www.cyb.com.cn
购书网址：	zqwts.tmall.com
印　　刷：	大厂回族自治县益利印刷有限公司
版　　次：	2015年9月第1版
印　　次：	2024年8月第19次印刷
开　　本：	787mm×1092mm　1/16
字　　数：	139千字
印　　张：	13
京权图字：	01-2011-1188
书　　号：	ISBN 978-7-5153-3515-5
定　　价：	29.00元

版权声明

未经出版人事先书面许可，对本出版物的任何部分不得以任何方式或途径复制或传播，包括但不限于复印、录制、录音，或通过任何数据库、在线信息、数字化产品或可检索的系统。

中青版图书，版权所有，盗版必究

赞 誉 之 辞

　　肖恩·柯维的《杰出青少年的7个习惯》是给予"青少年心灵"的一份真正的礼物。无论你在生活中遇到什么难题,这本书都能给你带来希望、梦想和战胜挑战的力量。

——杰克·坎菲尔德和金伯利·基贝尔格,
《青少年心灵鸡汤》作者

　　这本书易读易懂,有趣的故事贯穿全文。柯维所讲述的当众表演而感到胆怯的亲身体验,让我感同身受,因为我是个小提琴手。我相信全世界的青少年也会对此产生共鸣。

——艾米莉·井上,14岁

　　肖恩·柯维对青少年说的话既风趣又发人深省。他为青少年勾勒出一幅通向成功未来的地图。我强烈推荐此书。

——约翰·格雷,
《男人来自火星,女人来自金星》作者

　　《杰出青少年的7个习惯》让你从新的视角去理解获得巨大成功的意义,它使我们懂得,为了实现梦想而拟定目标并坚定不移是非常重要的。

——皮卡博·斯特里特,
美国滑雪队队员,奥运会金牌得主

　　我们发现你看到这本杰作的时候,我的儿子已经21岁了;我们用这本书构筑了一种新的父子关系,一直持续到今天——已经7年了。如果时光能倒流,回到他15岁的时候,这本书将改变那无法沟通、愁眉苦脸和挫败失意的6年。嗨!天下的父亲,这本书是你的机遇,也是你孩子们的机遇!

——克莱德·费斯勒,
美国哈利-戴维森汽车公司商业开发副总经理

肖恩给出了适用一生的价值观和原则，早用早受益。这些价值观和原则能够丰富青少年的生活，让他们受用长久——太棒了！

——米克·香农，
儿童奇迹网络公司董事长兼总裁

读肖恩·柯维的《杰出青少年的7个习惯》如同橄榄球赛中的一次触地得分！越早形成良好而又持久的习惯，生活效率就越高。这本书恰恰能帮你做到这一点。

——史蒂夫·扬，
美国旧金山49人队橄榄球四分卫，
全美橄榄球联盟最有价值球员

《杰出青少年的7个习惯》是现实生活的指南，它能帮助青少年做到最好。设定并写下自己的目标是我们能做到的最重要的事情之一。将既定目标牢记于心，始终瞄准目标，磨砺坚持到底的耐力。如果能做到这些，你就能实现任何目标。

——塔拉·利平斯基，
美国花样滑冰冠军，1998年冬奥会金牌得主

肖恩·柯维是在效仿他的父亲，把他少时的经历以一种"柯维"模式拿出来与大家分享，浓缩进《杰出青少年的7个习惯》这本书中。他从亲身经历中领悟的经验教训使这本书成为年轻一代寻找方向的独特罗盘。

——弗朗西丝·赫塞尔宾，
德鲁克基金会会长兼首席执行官，美国女童子军协会前主席

无论是沉溺于自哀自怜还是畅游在知识的海洋中，都是我们在生活中必须要作出的抉择。现在有了一本青年写给青少年的出色指南，让生活更加丰富多彩。

——阿伦·甘地，
圣雄甘地的孙子，甘地研究所创办人

在生活中收获甘甜果实的最好方法，是从少年时就作出正确的选择。有所为，有所不为。《杰出青少年的7个习惯》让青少年认识到自己就是他们生活中的主宰，无论背景和出身。

——斯特德曼·格雷厄姆，
《你能做得到：成功的九个步骤》作者，
美国运动员反毒品组织的创建人

《杰出青少年的7个习惯》如金科玉律。我在进入奥委会之前曾担任教练，我喜欢和年轻人一起工作，一起学习，并从他们身上体会到怀揣梦想、为实现梦想设定目标以及庆祝胜利的重要意义。肖恩·柯维的这本书也印证了这一点！

——迪克·舒尔茨，
美国奥林匹克委员会执行主席

书中的例子是我们大多数青少年每天都会遇到的，贴近我们的生活。这些令人鼓舞的事例启发我作出了许多至关重要的决定。我向全世界青少年强烈推荐这本书。

——杰里米·萨默，19岁

对青少年而言，《杰出青少年的7个习惯》是一本带来突破的书。它使青少年认识到怎样才能通过制定引导他们实现梦想的目标，来获得个人领域的成功。

——亨利·马什，
《突破因素》作者，曾四次参加奥运会

青少年今天面临着他们的父辈根本想象不到的问题和困难。他们在努力寻找答案，而《杰出青少年的7个习惯》告诉他们要从自己身上找答案。在满怀爱心的父母、老师和朋友的帮助下，我们的青少年会健康快乐地长大成人，为社会做出应有的贡献。

——罗伯特·舒勒博士，
《能梦想就能做到》作者，克里斯特尔大教堂的神父我对家庭、学校活动、朋友以及放学后该干的事情一直持玩世不恭的态度,直到我看了《杰出青少年的7个习惯》。它帮助我成为更有条理的人。书中的漫画让我对那些故事和事例记忆深刻。

——乔伊·迪恩威利斯,18岁

《杰出青少年的7个习惯》激励青少年摒弃平庸、努力出类拔萃。所有的青少年都能实现自己的目标和梦想,只要他有勇气为达到成功一步一个脚印,坚持不懈地做好每一件该做到的事。这本书以显明的实例告诉青少年如何才能做到这一点。

——戴夫·切基茨,
麦迪逊广场花园总经理兼总裁

我们这个世界上的青少年今天应该有所突破!肖恩·柯维的《杰出青少年的7个习惯》告诉各地的青少年如何做到勤勉刻苦、正直坦诚、回报家庭与社会。这本书凸显出我们的青少年一代完全有希望构筑一个更美好的世界。

——迈克尔·昆兰,
麦当劳公司总裁兼董事长

今天的青少年是家庭、社会和国家未来的领袖。《杰出青少年的7个习惯》教他们懂得勤奋工作的价值,教他们如何制定并实现目标,如何负起责任和采取主动,所有这一切都是优秀领导人的标志。

——迈克尔·莱维特,
美国犹他州州长,全美州长协会副主席

《杰出青少年的7个习惯》教给青少年人生的基本原则,帮他们筑牢人生的基石,为他们迎接生活中一个个艰巨的挑战提供支持。全世界青少年需要这本书。最重要的是,书中对信仰上帝及其助人意愿的人提出了要求,那就是祈祷。

——西奥多·赫斯伯格神父,
美国印第安纳州圣母大学退休荣誉校长

这本书是一个不可多得的智慧宝典，可以帮助那些在20世纪90年代的迷惘中成长起来的青少年作出正确选择。我真希望在我们成长的60年代能有这样一本书！

——坎达丝·莱特纳，
反对酒后开车母亲组织的创办者

《杰出青少年的7个习惯》就是胜者！在我给青少年当教练的那些年里，我们一起懂得了只要全力以赴、制定目标并抱有明确的梦想，就能使我们成功，即使沿路也会有失败。

——洛·霍尔茨，圣母队（1988年全国冠军）前橄榄球总教练，
哥伦比亚广播公司（CBS）《今日大学橄榄球》栏目体育评论员

肖恩在书中列举的"能做到"的例子，提醒我充分利用已有的条件是何等重要。我虽然个头不高，但是仍参加多项体育运动。这本书帮助我认识到，如果我要达到我的目标，必须依赖我的速度和灵活性。

——布伦特·库伊克，15岁

动机只是生活竞赛的一部分。自律和自制是将梦想变为现实的关键。这本书为希望在生活中夺冠的青少年提供了所需的心灵给养。

——米娅·哈姆，
美国女子国家足球队队员，年度最佳女运动员

决定如何度过一生基于我们所信仰的价值观。这本书以非常实用的文字帮助青少年为形成至关重要的人生价值观打下牢固的基础。

——唐纳德·瑟德尔奎斯特，
沃尔玛百货公司副董事长兼首席运营官

每一位祖父母都应该读一读肖恩·柯维的这本书，都应当把这本书列入送给孙辈的礼物清单，使孙辈们的生活发生巨大的变化。

——柯克·斯特龙伯格，
美国退休人员协会战略规划与发展部主任

《杰出青少年的7个习惯》让青少年有了一个实现梦想的伟大计划。柯维用非凡的洞察力来帮助父母培养孩子实现最高的目标，克服可能遇到的任何障碍。

——里克·皮蒂诺，波士顿凯尔特人队教练，
《成功是一种选择》作者

这本书有影响力但又不似父母的说教，与其说是对青少年的忠告，倒不如说是传达了一个个重要的信息，为生活在这个复杂而又充满挑战的青少年提供了正确的指导。柯维的建议可靠，而又经得起时间的考验，同时不像是说教，也不像是父母的唠叨……这本亲切友好又平易近人的书饱含着无可置疑的智慧，能激发信心，鼓励青少年跟随自己的心走，而不仅仅是随大溜。

——帕特里克·奥布赖恩，作家，
让大学有价值组织创办人、主席

这本书包含着许多积极向上、激发灵感和促成改变的战略，帮助青少年开发出自己所有的潜能。

——劳拉·施莱辛格，哲学博士，
《女人搅乱自己生活的十件蠢事》作者

10年前，我参加了柯维博士为成人开设的"7个习惯"研讨班，多数学生是公司上层。当我环顾教室看到每个人如此地热切渴望时，禁不住想："为什么要等到成年才教这些方法？"很快我就在我的学校里讲"七个习惯"，先是员工后是学生（年龄最小的只有5岁）。10年来成效惊人。我在教育领域工作36年，从未见过有什么对学生表现、教师业绩和家长满意度影响这么大。让我振奋的是，现在《杰出青少年的7个习惯》让全球不同学校的学生都能学习这些强大的习惯。

——穆丽尔·托马斯·萨摩斯
美国名校AB寇姆磁石小学校长

第一部分 准备就绪 / 014

第一章 养成习惯 / 016
习惯不是造就你，就是毁掉你

第二章 思维定式和原则 / 024
你怎样看世界，你也就得到怎样的世界

第二部分 个人的成功 / 036

第三章 个人银行账户 / 038
从镜子里的自己做起

第四章 习惯一：积极处世 / 049
我就是力量

第五章 习惯二：先定目标后有行动 / 067
把握你自己的命运，不然别人就要越俎代庖

第六章 习惯三：重要的事情要先做 / 097
抑制力和意志力

第三部分　公众领域中的成功 / 118

第七章　关系银行账户 / 120
生活的组成要素

第八章　习惯四：双赢的想法 / 131
生活就像一顿各取所需的自助餐

第九章　习惯五：先理解别人，
再争取别人理解自己 / 149
你有两只耳朵，却只有一张嘴

第十章　习惯六：协作增效 / 165
"高明"的方法

第四部分　恢复和更新 / 182

第十一章　习惯七：磨刀不误砍柴工 / 185
该是"我自己的时间"了

第十二章　不要放弃希望 / 205
孩子，你能搬动大山

如何使用本书

欢迎，欢迎！每一个拿起这本书的青少年都在迈向杰出青少年的路上跨出了一大步，你可以由此开始脚踏实地地实践，让自己离杰出青少年的标准一天比一天近。

恭喜你开始思考自己，开始学习如何成为杰出青少年，并对自己进行习惯训练。

这是为你写的书，是在《杰出青少年的7个习惯》这本经典之作基础上精选内容的精华版。精选的全球青少年的真实故事，便于你更好地理解和学习这"7个习惯"，并运用到你学习和生活中的每个细节，更加健康成长。

从本书中，你可以了解到杰出青少年应该拥有哪些习惯，从而调整和改变自己的生活。阅读后，如果你想在生活中实践，切实培养自己的这些习惯，你可以从每章后面的"幼童学步"开始，尝试践行刚刚学到的习惯。照着做，你将获益匪浅。当然，对这个训练也不必亦步亦趋，你可以让训练更加个性化，因为这是你自己的训练计划。

相信通过阅读本书，你会真正了解杰出青少年所拥有的那些习惯，并反思自己，制定和实施自己的训练计划，让自己融会贯通地掌握和养成这些习惯，从而改变自己的人生，成为健康成长的杰出人才。

如何从这本书中获得最大裨益

给你几点提示，它会使阅读这本书成为一段不寻常的经历。

◎ 作记号！不要害怕拿出彩笔或记号笔，标出你想记住的内容。可以在页边的空白随意写画。针对自己的情况作笔记。想怎么用就怎么用吧，尽情享受阅读的乐趣。

◎ 写，写，写。试着做做那些活动并回答问题。写得越多，你的自我就会显现得越多。你可能会吃惊地发现你从未发觉的另一面。

◎ 找出你最喜欢的名言。这本书中有不胜枚举的名人名言。找出你最欣赏的，将它们抄下来，贴在你能看见的地方，如镜子上或橱柜里。

◎ 将这7个习惯应用于你的日常生活当中。别做大懒虫，想着："要是我的朋友有这本书那该多好。"或者"啊，这或许适用于我爸妈！"相反，你应该专注改进你自己，并且将这些忠告用以解决你自己的难题。

◎ 与他人交流心得。与一个亲密朋友，或者父母、或者监护人、或者任何对你来说很特别的人，讨论你最赞成的观点。向他们承诺你准备做出的改变，并寻求他们的帮助。

◎ 跳跃阅读。你不必从头到尾依序阅读。信手翻阅，想什么时候做哪些活动就什么时候做。这样反而会更有趣。

◎ 欣赏书中插图。书中配有精彩的漫画插图,是不是看到了很多自己的影子?阅读内容后,再看看这些漫画,内心里一定会有触动和共鸣吧?试着用自己的实际行动,画出变化后更精彩的自我学习和生活场景。

想想你希望学到什么

最后,花几分钟浏览一下这本书,了解一下它的主旨。现在,逐条写下你的个人期望:

读完这本书,我希望学到:
_____
_____

我现在面临的最大困难是:
_____
_____

这本书可以从以下几方面帮我克服那个困难:
_____
_____

愿你尽情享受这次智慧之旅。
祝旅途愉快!

第一部分

准备就绪

第一章
养成习惯

**习惯不是造就你，
就是毁掉你**

欢迎！欢迎！我叫肖恩，这本书是我写的。不知你是怎么得到它的，是妈妈望子成龙给你买的，还是书名的诱惑让你破费。不管是什么原因，很高兴它到了你手里，现在你所要做的就是开始阅读它的旅程。

许多青少年都喜欢读书，但我不在此列（虽然我也读过某些世界名著的简译本）。如果你和我一样，很可能正想将这本书束之高阁。且慢，先听听我下面的建议。如果你答应读它，我保证这就像冒险一样好玩。为了让它有趣，我已经在书里塞满了卡通、奇思妙想、名人名言以及全球青少年的神奇故事，还有其他惊喜。难道你不愿意试试吗？

60年代的孩子们

今天的孩子们

好吧，让我们言归正传，这本书的基础是我爸爸史蒂芬·柯维（Stephen R. Covey）几年前写的《高效能人士的七个习惯》(*The 7 Habits of Highly Effective People*)。那本书居然成了畅销书，其成功很大程度上要归功于我和我的弟弟妹妹。他在我们身上进行了各种心理试验，你看，我们居然成了他的小白鼠了。虽然我得以幸免，但我的弟弟妹妹至今郁闷不爽（当然，这只是个玩笑）。

为什么要写这本书？这是因为现在学生的生活不再优哉游哉了，生活就像是置身于野蛮丛林。如果我写得还算及格，本书将像指南针一样帮助你穿越丛林。而且，不像我爸爸的书，是为成年人写的（有时还真让人昏昏欲睡），这本书是专为你们写的，趣味得很。

我至今清楚记得自己儿时的感受。我敢发誓，那时我的情绪经常像是在坐过山车。到现在我还奇怪，我居然能活下来。我也忘不了七年级时的初恋。当时我喜欢上了一个名叫尼科尔的小姑娘，就让铁哥们儿克拉尔去告诉她（不敢自己告白，于是只好利用传声筒）。他完成任务回来说："嘿，肖恩！我告诉了尼科尔，你喜欢她。"

"她怎么说的？"我笑着问道。

"她说，喔，肖恩，他好胖！"

克拉尔大笑，我真想钻进一个洞里永远不再出来。我发誓一辈子痛恨女孩。好在我的荷尔蒙起了作用，后来我又开始对女孩萌生爱慕了。

我想，我与其他青少年共同经历过的一些困惑对你来说也不陌生：

"有那么多事情要做，时间总是不够。上学、作业、任务、哥们儿、聚会，还有家庭。我简直被压垮了。救命！"

"我跟不上功课，怎么能感觉良好？无论到哪里，总有人比你聪明，比你漂亮，或者比你讨人喜欢。我禁不住会想，'要是我有她的头发、她的衣服、她的个性、她的男友，那我会多么高兴呀。'"

"我的家简直一团糟。如果能摆脱老爸老妈，那我还能过上自己的生活。他们总是那么唠唠叨叨，我永远也不能让他们满意。"

"我明白，我过的生活很糟糕。我陷入了各种各样的烦恼——玩游戏、成绩不及格、挨批评。但是一旦和哥们儿在一起，我就缴械投降了，他们怎么做我就怎么做。"

"我又开始减肥了，我想这是今年第五次了吧。我实在希望能有些变化，但我就是无法坚持。每次减肥我都抱着希望，但总是过不了多久就又以失败告终，现在我觉得简直糟透了。"

"目前我在学校表现不是很好，如果还不能把分数搞上去，我将永远进不了好中学。"

"我现在郁郁寡欢，经常感到沮丧，真不知道该怎么办。"

这些问题都很实际。你无法回避生活，所以我不试图回避。

相反，我将给你一套工具，帮你应对生活难题。是什么？杰出青少年的7个习惯，或用另一种说法，全球快乐、成功的青少年所共同拥有的7种性格。

现在你可能很想知道这些习惯是什么，那我就不卖关子了。下面就是这7个习惯以及它们的大致内容。

> 习惯一：积极处世。对自己的生活负责。
> 习惯二：先定目标后有行动。确认你的使命和生活目标。
> 习惯三：重要的事情要先做。排出优先顺序，首先做最重要的事情。
> 习惯四：双赢的想法。抱着人人都能成功的态度。
> 习惯五：先理解别人，再争取别人理解自己。真心诚意地倾听。
> 习惯六：协作增效。协同工作成就更好的业绩。
> 习惯七：磨刀不误砍柴工。定期让自己得到休整和充电。

如下图所示，这些习惯，一个建立在另一个之上。习惯一、二、三是自我完善，可称为"个人的成功"。习惯四、五、六涉及情感关系和团队协作，可称为"公众领域中的成功"。在成为称职的团队一分子之前，你必须首先完善自己的个人行为，这就是为什么

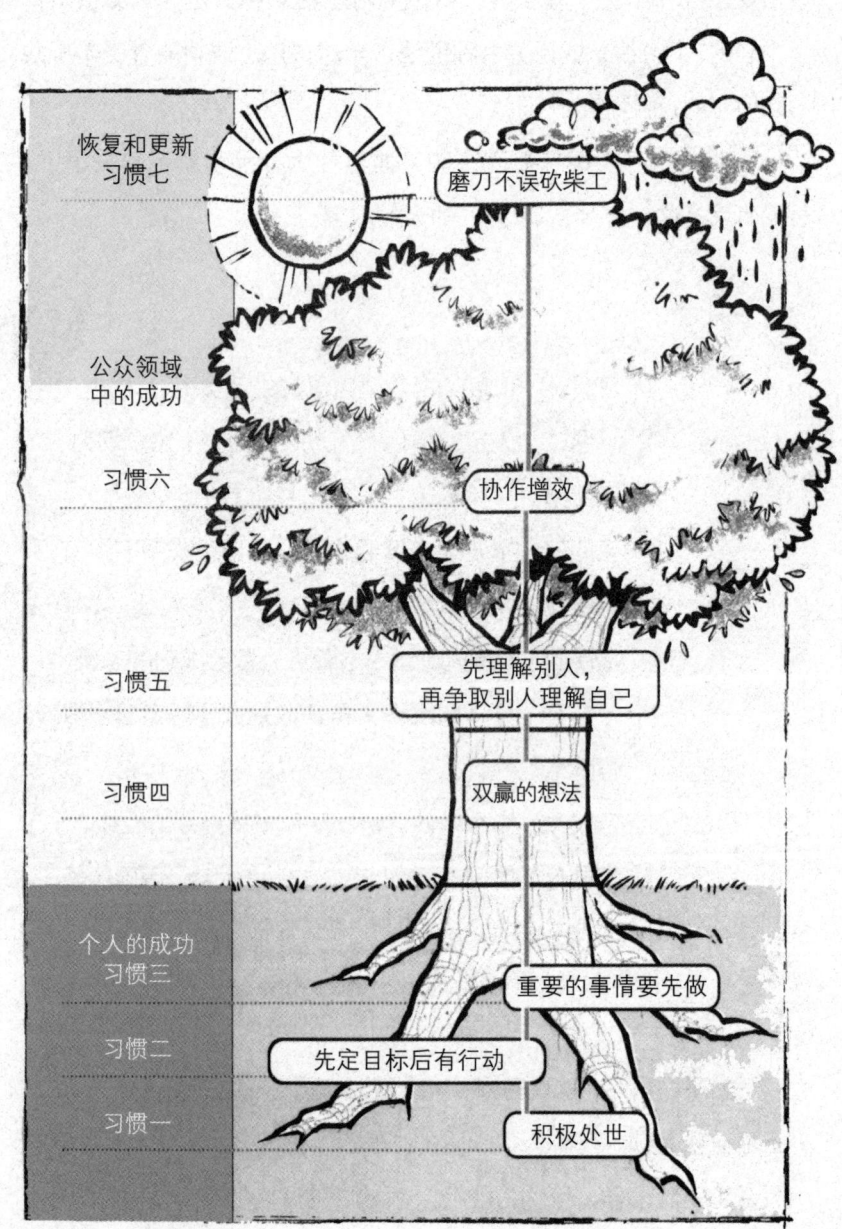

个人的成功要先于公众领域中的成功的原因。最后的习惯七，是让自己得到休整恢复和充电更新的习惯，它支持着其他六个习惯。

这些习惯看来很简单，难道不是吗？然而，在后文中你将会惊异于它们的威力。现在我们先来看看它们的反面。

问题青少年的7个习惯

习惯一：被动反应。将所有问题都归罪于你的老爸老妈、你愚蠢的老师、你讨厌的邻居、你的男友或女友、政府或者其他什么人或什么事。你自己则是个受害者。你对自己的生活不负任何责任，就像一头牲口那样没有理智：饿了就吃；谁说你，你就骂他；如果想做什么你觉得不对的事，尽管让自己去做吧。

习惯二：不定目标、不想后果。不做计划，尽量逃避任何目标，从不考虑将来。干吗要为自己的行为担忧？今朝有酒今朝醉，尽管吃喝玩乐。明天？明天我们可能都不在了！

习惯三：重要的事情留待最后去做。生活大事？先别管它！且让我们玩个够：看电视、聊大天、上网、闲逛。家庭作业？明天再做。大事永远为小事让路。

习惯四：争强好胜。生活就是邪恶的竞争。同学在盯着你呢，最好抢在前面先抓住他们的把柄。别让其他人获得成功；切记，他们的成功就是你的失败。如果眼看着即将失败，一定要把那些讨厌的家伙一起拖下水。

习惯五：先夸夸其谈，再假装倾听。生来有嘴，为何不用。一定要大谈特谈，先说你的故事，然后哼哼哈哈，假装倾听别人的话。如果你真想听听他的意见，先把你的意见告诉他。

习惯六：千万别合作。让我们面对现实，其他人都很古怪，因为他们不是你。何必要和他们共处。只有狗才需要团队合作，自己干要强得多，一切自己来。

习惯七：把自己累得筋疲力尽。生活这样紧张，根本没时间恢复、没时间提高。不学新知识，不学习、不锻炼。远离书本、远离大自然、远离一切能激励你的事物。

很显然，这些习惯正是招灾招难的好法子。然而，我们很多人（包括我自己）却经常沉溺于其中而不自知。既然如此，生活当然有时会让人受不了。

幸而你比你的习惯要更强大，因此你能改变习惯。例如，试着将你的双臂环抱胸前，看看，哪只手臂在上面？然后试着反方向（改变手臂的上下位置）环抱一次。很怪，是吗？但如果你连续30天这样反方向环抱双臂，你就不再感觉那么怪了，你甚至不用想就能做到，你已经养成习惯了。

这次测验，我一定得A，我整晚没睡！

任何时候你都能照着镜子对自己说："我可不喜欢自己的这个习惯。"你能将一个坏习惯变为好一点的习惯。有时这并不容易，但总是可能的。

本书的主意不一定对你百分之百适用，也并非要求你做到完美才能见效。只要不时实践其中一些习惯，就能让你体验到意想不到的变化。

7个习惯能帮助你：

◎ 掌控自己的生活

◎ 改善与朋友的关系

◎ 做出更明智的决策

◎ 与老爸老妈更好地相处

◎ 克服不良癖瘾

◎ 确认自己的价值、识别生活中的重大事项

◎ 办事更经济

◎ 增强自信心

◎ 知足常乐

◎ 平衡地处理学校、工作、朋友及其他事务

7个习惯

最后要说的是，这是为你写的书，你可以用自己最喜欢的笔在你赞同的观点下划线、圆圈或涂色。在页边做笔记、胡乱涂写也没关系。有趣的故事，再看一遍；带给你希望的名言，记住它。试试每章末尾的"幼童学步"，那是专门为你设计的，可以帮助你实践刚学的习惯。照着做，夯实你学到的每一个习惯，你将更有成效。

首先，我们养成习惯；
然后，习惯塑造我们。

如果你喜欢跳着看卡通和奇闻轶事，那也没关系。但是，你总得挤出时间从头至尾看一遍，因为这7个习惯是递进和连贯的。

怎么样，定下日子，开始读这本书吧！

第二章
思维定式和原则

**你怎样看世界，
你也就得到怎样的世界**

下面是多年前某些专家对其领域的断言，当时听起来很有道理，随着时间的流逝，它们变得愚蠢透顶。

从古至今十大愚蠢断言：

10. 没有理由让每个人在家中配备一台计算机。（1979年）

——肯尼斯·奥尔森（Kenneth Olsen），
DEC（数字设备公司）的奠基人和总裁

9. 飞机是个有趣的玩具，但没有军事价值。（1911年）

——费迪南·福煦（Ferdinand Foch），
法国陆军元帅，军事战略家，第一次世界大战指挥官

8. 无论将来科学如何发达，人类不可能登陆月球。（1967年2月25日）

——李·弗雷斯特博士（Dr. Lee Forest），

三极管发明人和无线电之父

7. （电视）上市6个月之后，不可能还有市场。每天盯着个三合板盒子，人们很快就会厌烦。（1946年）

——达里尔·扎努克（Darryl F. Zanuck），

二十世纪福克斯公司总裁

6. 我们不喜欢他们的声音。再说，吉他乐队也正在退出舞台。（1962年）

——英国德卡唱片公司（Decca Records）

该公司拒绝了披头士乐队

5. 对于大部分人来说，吸烟是有益的。（1969年11月18日）

——《新闻周刊》援引洛杉矶外科医生

G.麦克唐纳博士（Dr. MacDonald）的话

4. 这个"电话"缺点太多，无法作为通讯工具。这种玩意儿对我们没什么用。（1876年）

——西方联合公司（Western Union）的《内部备忘录》

3. 地球是宇宙的中心。（2世纪）

——托勒密（Ptolemy），古埃及天文学家

2. 今天没发生什么重要的事。（1776年7月4日，美国独立日）

——英皇乔治三世

1. 所有能够发明的，都已经被发明了。（1899年）

——查尔斯·杜埃尔（Charles H. Duell），美国专利局局长

看过这些,再看一些和你一样的青少年所说的话。这些话你可能听到过,它们和上面那些断言同样可笑。

◎ 我家没人上过大学。想上大学但无望!

◎ 没有用的。我就是没法和我后爹相处,我们不是一路人。

◎ 做个聪明乖巧的人是件很乏味的事。

◎ 我老师总是挑我的错。

◎ 她这么漂亮,我敢打赌她一定是个蠢蛋。

◎ 除非认识当权的人,否则你不可能脱颖而出。

◎ 我?苗条?你开玩笑!我家可全是胖子。

◎ 这儿找不到工作,没人愿意雇个不到十岁的孩子。

思维定式是什么

感知的另一种表现方式是思维定式。一个思维定式(以下也简称定式)是你看事物的固定方式、观点、参考系统或信仰。你可能已注意到我们的定式常常远离事实,结果就产生了局限性。例如,你可能认为自己缺少读大学的素质。但是,回想一下,托勒密不也同样认为地球是宇宙的中心吗?

定式就像眼镜,当你用不完整的思维定式来观察自己或自己的生活,就像戴着度数不准的眼镜。镜片影响你所看到的一切。结果,你怎样看世界,你也就得到怎样的世界。如果你相信自己是个哑巴,这个信念就会让你成为哑巴。如果你相信你妹妹是个哑巴,你就会到处寻找并找到证据,在你眼中她就是个哑巴。相反,如果你相信自己既聪明又灵巧,这个信念让你所做的每件事都显得更完美。

有个名叫克里斯蒂的少女告诉我她如何热爱美丽的山脉。有一天她去看医生，惊奇地发现其视力竟然大有问题。戴上隐形眼镜之后，她为自己所看到的一切而赞叹不已。用她自己的话来说就是："我发现，山脉、树木甚至路边的指示牌都这么丰富多彩，我以前想都没想到。真奇怪，直到亲身体会到事物的美妙时，我才知道我过去的视力多么糟糕。"事情经常如此。由于自己错误的思维定式，我们不知错失了多少美妙的东西。

对于我们自己、他人和周围的生活，我们都有思维定式。让我们来一一审视。

对于自己的思维定式

先停一下，考虑下面这个问题：我的思维定式究竟是帮助了我，还是阻碍了我？

我妻子丽贝卡在爱达荷州麦迪逊中学读高一的时候，有一次班上传阅麦迪逊中学盛装游行的报名表，丽贝卡和许多同学都签了名。她的邻座琳达却直接将报名表传给别人，没有签名。

"签名呀，琳达。"丽贝卡坚持要她签。

"哦，不，我不行。"

"来吧，很有趣的。"

"真的不行，我不是那块料。"

"不，你当然行，我觉得你很棒！"

在丽贝卡和其他女孩的不断鼓励下，最后她签了名。

丽贝卡没有再多想这件事。然而，七年以后她收到了琳达一封信，描述她那天的心理斗争和对丽贝卡的感激，感谢丽贝卡的鼓励改变了她的生活。琳达在中学一直有一种自卑感，那天丽贝卡居然认为她是盛装游行的合适候选人，令她大吃一惊。她最后同意签名，只不过是想图耳根清静罢了。

琳达说，参加盛装游行如此令她不安，以至于她第二天就去找了盛装游行的指挥，要求撤销她的报名。与丽贝卡一样，游行指挥也坚持认为琳达应当参加。

无奈之下，琳达同意了。

然而，令人惊喜的是，这次活动让琳达有了巨大的转变。琳达勇敢地参加了一个展示最佳自我的活动，由此她开始从一个全新的视角看待自己。琳达在信中衷心感谢丽贝卡，因为是丽贝卡取下她扭曲了的眼镜，打碎它，坚持让她去尝试一副新的眼镜。

琳达说，虽然她从未赢得任何头衔或奖状，但是她克服了一个深受困扰的障碍：自卑感。由于她的带头，她的两个妹妹后来也参加了盛装游行，盛装游行在她家成了一件大事。

琳达接着说，盛装游行过后的第二年，她成了一个学生组织的骨干，并养成了活泼外向的性格。

琳达经历了所谓的"改变定式"。也即，你突然用一种新的角度来观察世界，就像你试戴一副新的眼镜一样。

正如负面的自我意识会给自己施加限制一样，正面的自我意识会释放最佳的自我，请看下面有关法王路易十六之子的故事。

法国国王路易十六被赶下王位，关在牢中，其年轻的王子则被将国王赶下台的那帮人带走。他们想，王子是王位继承人，若能在道德上把他摧垮，那他永远也无法实现生活赋予他的伟大使命。

他们把王子带到遥远的社区，让这个男孩接触各种卑鄙邪恶的事物，提供让他沦为饕餮之徒的各种美味，让他成天听粗鄙之言、接触淫荡猥亵的妇女，处处充斥着不讲信誉、卑微无耻。一天24小时让他处于这种环境之中，让其灵魂受到诱惑而堕落。接连6个月都是如此，但是，王子没有一时一刻屈从于压力。在这种种诱惑之后，他们最后问他，为何他能抵御所有这些诱惑？为何他能不沉沦其中？这些事物能提供欢娱，能满足欲望；它们就在那儿，唾手可得。那男孩答道："我无法这么做，因为我生来就是做国王的。"

"有人可能会说，因为他生来就是做国王的，所以他没有理由犯错堕落，可是其实关键点并不在此。因为国王里也有残暴奸邪之徒。所以王子看重的是作为合格君主所应具备的高尚人格和优秀品质。"

王子路易坚持有关自己的思维定式，任何事物都无法动摇它。同样，如果你在生活中戴着上面写有"我能做到"或"我在乎"的眼镜，这信念将使每件事显得更加美好。

现在你可能会觉得迷茫："如果我对于自己的思维定式是扭曲的，我该怎么办呢？"一个方法是，花些时间，找个相信你、支持你的人谈谈。

去问问每个成功人士，他们几乎都会告诉你，有个相信他们的人在身后——老师、朋友、父母、指路人、姐妹或祖母。只要一个人就够了，具

体是谁无关紧要。别害怕你会变得依赖他，走过去，向他寻求忠告，用他的看法来看自己。一副全新的眼镜带来的变化会令你惊喜不已。某个人曾经说过："如果你能想象出上帝希望你成为怎样的人，你就会成长，和以前大不一样。"

对于他人的思维定式

我们不仅有对于自己的思维定式，也有对于他人的定式，它们也可能远离事实。从一个全新角度来观察事物，能帮助我们理解别人的处世行为。

蓓基告诉了我关于她的改变定式的故事。

高一时我有一个朋友叫姬姆，她是个好姑娘。但时间长了，我发现她变得越来越不好相处了，动不动就生气，还常常觉得被他人冷落。她经常郁郁寡欢，很难交往。慢慢地，我和朋友们找她玩的次数越来越少，最后我们干脆不再叫她出来玩了。

那年之后，我外出好好玩了一个暑假。回来后，找到一个好朋友打听各种新闻。她告诉我各种闲言碎语，所有的罗曼史，以及谁与谁约会啦等等。突然她说："我告诉你姬姆的事了吗？她近来日子不好过，因为她父母正闹离婚呢。她可真难熬呀。"

听了这话，我整个看法都变了。不但不为其行为恼怒，相反，我为自己的行为感到羞愧。我觉得在她需要帮助的时候我却离开了她。就因为这点儿信息，我对她的整个态度都变了。这真是一个对我启示颇多的经历呀。

想想，改变蓓基思维定式的仅仅是一条信息。我们也一样，常常不了解全部信息就做判断。

莫尼卡也有类似的经历。

我过去生活在加州,在那里我有好多好朋友。我不关心任何新搬来的人,因为我已经有了自己的朋友。而且我想,新来的人应当自己来应付。后来我也搬家了,成了那里的新邻居,我希望有人能关心我,让我加入他们的圈子。现在我用一种全新的角度看事物,我明白了没有朋友是一种什么样的滋味。

从这以后,莫尼卡对待街区里新来的家伙态度完全不同了。你同意吗?从另一种角度看事物,会让我们对待别人的态度完全不同。

显然,如果要改变我们的生活,关键是要改变思维定式,也就是改变我们观察世界的眼镜。改变了眼镜,其他一切自然会随之改变。

你会看到,本书将改变你的许多思维定式,帮助你建立一个更准确、更完整的思维定式。请做好准备哟。

除了对于自己和他人的定式之外,我们还有对于外在世界的思维定式。问问自己:"我生活的动力是什么?""我经常思考的问题是什么?""何人何事最让我放不下?"对你最重要的事物就会成为你的思维定式、你的眼镜,或者(我更愿意把它叫作)你的生活重心。在青少年中最流行的生活重心包括朋友、物质、男友/女友、学校、父母、体育运动/业余爱好、英雄、仇敌、自我以及工作。其中每项都有其优点,但是,在某些方面,它们都是不完整的。下面我将证明，如果你的生活以它们为重心，那将会一团糟。还会告诉你幸而有一样东西，你若以它为重心，将成功、快乐。

以原则为重心

也许你已开始疑惑是否有正确的重心，回答是：确实有一个能让你的人生运行良好的生活重心。是什么？原则。我们都熟悉重力的作用，向上抛出一个球，它将掉落地面。这是自然规律，或曰"原则"。正如存在支配物理世界的原则一样，也存在支配人类世界的原则。原则不是宗教，它们不是美国的或中国的，它们不是我的或你的，它们不是为了讨论而提出的。它们适用于所有的人，富人或穷人，国王或农民，男人或女人。它们无法买卖。如果遵循它们，你将出类拔萃。如果违反它们，你将失败倒霉。（有点押韵，是吗？）就是这么简单。

诚实是一个原则，服务是一个原则，友爱是一个原则，努力工作是一个原则，尊敬、感谢、适度、公正、正直、忠诚以及责任心都是原则。还有许许多多。正如指南针总是指向正北，你的内心会确认真正的原则。

例如，想想努力工作的原则。如果你没有真正尽力，虽然你可能一时侥幸过关，但最终还是会露馅。

我记得，有一次我和我的大学足球教练被邀请一起去参加一场高尔夫巡回赛。他是个高明的高尔夫球手。每个人，包括教练，都以为我是个好球手。至少我是个大学运动员，而所有大学运动员都应当是好的高尔夫球手，不是吗？错了！我的高尔夫球技很烂，我只玩过几次，甚至还不知道如何正确握（球）杆。

我很怕别人发现我的高尔夫球技如此之烂，特别是我的教练。因此，我希望能一直欺瞒他们，让他和其他人以为我是个好球手。有一小群人围在第一个洞旁。我第一个发球，怎么是我？走上前开球时，我祈祷能出现奇迹。

哇塞！真是个奇迹！我真无法相信！我打出了一个长球，球一直向前走了很长一段路。我转身，微笑面向观众，就好像我一直是这么打球的，"谢谢，真太感谢了。"

我欺瞒了他们大家。但实际上我只不过是欺瞒了自己，因为还有17.5个洞。事实上，在进了5个洞之后，周围的人，包括教练，就看出了我在高尔夫球上完全不行。不久，教练就试图教我如何挥杆了。我完全暴露了。哦！

如果你没有花力气去好好学的话，你不可能永远靠欺瞒作假蒙混过关，不管是打高尔夫球、弹吉他还是讲阿拉伯语，没有捷径可走。努力工作是个原则，正如伟大的NBA球星拉里·伯德（Larry Bird）所说："如果你没做'家庭作业'，你不可能罚球罚得准。"

原则从来不会失败

生活中遵循原则，需要有信念。特别是当你看到周围的人都通过说谎、欺骗、放纵、造假以及自私等手段出人头地时，更需要信念。其实，你没看到的是，违背原则的人终将为此付出代价。

如果你发现没人信任你，诚实的原则可能正是你苦恼的解药。

在下述瓦尔特·麦克皮克（Walter Macpeek）的故事中，忠诚的原则感人至深，与人启示。

有两兄弟在同一法国连队效力，其中一个在战斗中被德军流弹击中倒在血泊里，逃回的那一个请求指挥官允许他返回去找他的兄弟。

指挥官说："他可能已经死了，你冒着生命危险去带回他的尸体也没什么意义。"

再三恳求后，指挥官终于答应了。果不其然，当士兵背着兄弟回到部队时，受伤的兄弟已经死去了。

指挥官说："你看，你冒了生命危险，却毫无结果。"

士兵说："不，我做了他期待我做的事，而且我也得到了回报。当我爬过去抱着他时，他说：'我知道你会来的，我就是觉得你会来的。'"

在接下来的几章，你将发现这7个习惯都是基于一个或两个原则，这就是其力量所在。

长话短说，原则支配一切。

● 幼童学步 ●

从本章开始，我将在每一章结尾教你几招，你要像幼童学步一样认真努力呦！这些方法简单易行，并且能让你立刻应用到你刚学过的习惯中。它们会成为一叶扁舟，助你划到目标的彼岸。

1. 下一次照镜子时，对自己说一些鼓励的话。

2. 对于某人今天所表达的观点表示赞许，例如说："嘿，这可是个很酷的主意啊。"

最好保持自己的纯洁和透明，因为这是你观察世界的窗口。

3. 想想有什么可能限制了自己的思维定式，例如"我不想出去"，那么今天就反其道而行之。

4. 想想你有没有哪些亲朋好友最近行动反常，想想会是什么原因让他们这样反常。

5. 如果你无事可做，你脑子里想的是什么呢？切记，对你最重要的事物就会成为你的思维定式或生活重心。

占用我的时间和精力的是：_____

6. 黄金规则支配一切！从今天开始，你希望别人怎么对待你，你就怎样对待别人。别不耐烦，别抱怨被人冷落，别说别人的坏话，除非你希望其他人也这样对你。

7. 尽快找一个安静的地方，想想自己最在乎什么。

8. 仔细聆听自己最常听的音乐，判断一下，它们是否与你所信仰的原则相一致。

9. 当你今晚在家做家务或学习时，尝试践行努力工作的原则。"一分耕耘一分收获"，比别人期望你的多做一点。

10. 下次陷入困境不知如何是好时，问问自己："我应当践行哪一条原则（诚实、友爱、忠诚、努力工作、耐心……）？"

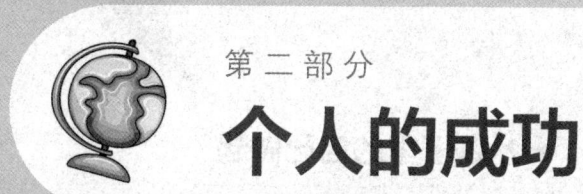

第二部分

个人的成功

第三章
个人银行账户

从镜子里的自己做起

在你开始在公众生活中获得成功之前,你必须首先赢得你内心中个人战争的胜利。所有的改变开始于你自己,我永远不会忘记我是如何学会这一课的。

"你出了什么毛病?你太令我失望了。我在高中所认识的肖恩到哪里去了?"教练瞪着眼睛看着我,"你还想上场吗?"

我大吃一惊,"是,当然。"

"先休息一会儿。你刚才做动作心不在焉。你最好振作起来,否则年轻的四分卫就会超过你,而你也不会再在这儿打球了。"

当教练告诉我，我把球场都"熏臭"了，这真是个迎头痛击。让我更难受的是，我明白他是对的。虽然耗费了大量时间来练习，但我并未真正尽责尽力。我有所退缩，而且我自己也知道这一点。

我必须作出艰难的抉择：要么退出橄榄球队，要么加倍努力。在随后几周，我直面内心的害怕和对自己的怀疑，心理斗争异常激烈。我真有成为首发四分卫的潜力吗？我能经受这种压力吗？我够强壮吗？很快我明白了，我的内心在害怕，害怕竞争、害怕众人的注目、害怕尝试以及可能的失败。所有这些害怕让我退缩，让我无法尽责尽力。

我重读了阿诺尔德·贝奈特（Arnold Bennett）的话，而且最后也遵照执行了。他写道："真正的悲剧是一个人在其生活中从来不敢振翅一搏，从未充分展现其才能，从未站直过身子。"

从未"享受过悲剧"的我决定振翅一搏。我决定竭尽所能、尽责尽力，决定停止退缩、全力以赴。我连自己是否能获得首发机会都不知道，但即使没有首发，至少我去做了，我尽力了。

没人听到我对自己说的"我承诺、我献身"，没有鲜花、没有掌声，这只是一场进行了几周的内心的战斗，一场个人的成功。

一旦做出承诺，每件事都改变了。我抓住球场上的每个机会以改进技术，全心全意投入训练。教练也注意到了。

最后总算到了比赛日。开球时，我的喉咙发干，几乎说不出话。几分钟后，我镇静下来，并领导我们队走向胜利，我还被选为当场比赛的MVP运动员。赛后，无数人向我祝贺胜利。但是，他们并不真正了解真实的故事。他们认为胜利是那天在球场上、在公众面前取得的，我却知道，胜利是几个月之前在我脑海中取得的，是当我决定直面我的害怕、停止退缩并振翅一搏时取得的。战胜对手要比战胜自我容易得多。个人的成功总是在公众领域的成功之前，正如谚语所说："我们遇到了敌人，那就是我们自己。"

改变要由内而外，从镜子里的小男孩/小女孩开始。本章以及后面介绍的习惯一、二、三讨论的是你和你的性格，或者说是个人的成功。而后面四章，"关系银行账户"以及习惯四、五、六讨论的是情感关系，或者说是公众领域中的成功。

在谈到习惯一之前，让我们先看看如何能立刻着手建立你的自信心，取得个人的成功。

个人银行账户

你对自己的感觉就像一个银行账户，我们不妨把它叫作你的个人银行账户。它就像银行的支票账户或现金账户，你能通过所想和所做的事而存入或取出。例如，当我信守对自己所作的承诺时，我觉得一切皆在掌控之中，这就是存款；相反，如果我违背了对自己许下的诺言，我觉得沮丧，这就是取款。

你的个人银行账户如何？你对自己的信任情况如何？你是很富有，还是已经破产了？下面提到的表现也许有助于你评价你目前的账户情况。

如果你的个人银行账户情况很糟，别泄气。从今天开始，做1元、5元、10元或25元的存款，最后你会赢回自信心。长期做小额存款是通往健康富足的个人银行账户的正确道路。

在各类青少年团体的帮助下，我列出了六类关键的存款，可以帮助充实你的个人银行账户。当然，对于每类存款也有等量而方向相反的取款。

个人银行账户存款	个人银行账户取款
信守对自己许下的诺言	违背对自己许下的诺言
不因善小而不为	只顾自己
对自己宽容	对自己苛责
诚实做人	不诚实
让自己得到休整、恢复和更新	把自己累得筋疲力尽
开发自己的才能	忽视培养自己的才能

信守对自己许下的诺言

你是否有过总会食言的朋友或室友？他们说会来看你，结果没有。他们答应和你一起去看球，结果忘了个一干二净。一来二去，你不再相信他们了，他们的承诺等于零。如果你总是对自己许下诺言，例如"我明天要在6点起床"，或者"我一到家就把家庭作业做完"，而之后又不遵守，同样的事也会发生在你身上。一来二去，你也不再信任自己了。

对待我们对自己所做的承诺，应当像对待生活中最重要的人一样认真。如果你觉得生活失去控制，那么集中注意力于你唯一能控制的事物，那就是你自己。向自己做一个承诺，并信守这个诺言。开始时，承诺一件你知道自己能完成的事，一个虽小但切实可行的10元的承诺，例如，今天吃健康的饮食。在建立了一些自信心之后，你可以做更困难的100元的承诺，如不再因为妹妹穿了你的新衣服而责骂她。

不因善小而不为

下面是一个名叫汤尼的年轻人的美好故事，它是服务他人带来快乐的又一例证。

我的邻居中有个女孩，她与父母住在一个二联式公寓中，生活拮据。过去3年中，我和母亲总是拿着我已不再合身的衣服到她家去。我会说："我想你也许会喜欢它们。"或"我很想看看你穿着这件衣服的样子。"

当她穿着我给她的衣服时，我会觉得这真酷。她会说："多谢送我这件新衬衫。"我则会说："这颜色真的很适合你呢。"我试图体贴而又小心翼翼，不让她觉得尴尬，也不让她感到我觉得她穷。能帮助她生活得更好一些，让我觉得很爽。

去向某个你所知道的最孤独的人问声好。给某个曾让你的生活有所改变的人——如某个朋友、教师或教练——写个条子表示感谢。下次到了公路缴费处，替后面的汽车缴费。给予，不仅是给予他人，也给予了自己。我喜欢布鲁斯·巴顿（Bruce Barton）在描述耶稣生平的著作《无人知晓的男人》（The Man Nobody Knows）中的一段话，它把这点讲得很清楚。

巴勒斯坦有两个海，一个是淡水，里面有鱼。绿色装饰着河岸，树木的枝叶覆盖着河面，树木的根部吮吸着甘美的淡水。

……从山脉流下来的约旦河带着飞溅的浪花，成就了这个海。它在阳光下歌唱，人们在周围盖房子、鸟类筑巢，每种生物都因它而更幸福。

约旦河向南流入另一个海。

这里没有鱼的欢跃，没有树叶，没有鸟类的歌唱，也没有儿童的欢笑。除非事情紧急，旅行者总是选择别的路径。水面空气凝重，没有哪种生物愿意在此饮水。

这两个海彼此相邻，何以又如此不同？不是因为约旦河，它将同样的淡水注入。不是因为土壤，也不是因为周边的国家。

区别在于：伽里里海接受约旦河，但决不把持不放。每流入一滴水，就有另一滴水流出，接受与给予同在。

另一个海则精明得厉害，它吝惜地收藏每一笔收入，决不向慷慨的冲动让步，每一滴水它都只进不出。

伽里里海乐善好施，生气勃勃。另外那个则从不付出……它就是死海。

巴勒斯坦有两个海，世上有两种人。

对自己宽容

对自己宽容有许多含义。它意味着别期望自己一夜之间就变得完美。如果你是一个大器晚成的人——我们很多人都如此——请保持耐心，让自己慢慢成长。它意味着要学会嘲笑自己所做的蠢事。

在大海航行多年的船舶都带着无数的藤壶。藤壶吸附在船体的底部，增加了它的重量，最后会威胁到船舶的安全。这类船舶最终总要设法摆脱藤壶，最便宜的方法就是停泊在淡水港。因为没有盐水，不久藤壶就会自动脱落。于是船舶就能摆脱重负，驶回大海。

你是否也背负着藤壶——过去的错误、悔恨和痛苦？也许你也需要让自己浸透在新鲜的淡水中。摆脱重负、让自己有第二次机会，这也许正是你目前需要的存款。

诚实做人

我们的行动是否诚实？你在学校、对父母、对你的老板，都诚实吗？如果你过去不够诚实——我想我们都曾经有过——现在就尝试诚实做人，你会注意到这会让你坦然而又安心。杰夫的故事是个很好的例证。

在我上大二时，几何班上有三个家伙的数学不行，而数学正是我的强项。于是每次测验我都帮他们过关，收他们3美元。测验是多项选择题，我将正确答案写在小条上传给他们。

一开始我觉得这是个好事，还能赚点钱，我没有想到这会伤害我们大家。过了不久，我就明白我不应再这么做了，因为这不是真正的帮助。他们不再学习任何东西，而这只会让他们落在人后越来越远。欺骗确实不会对我有任何正面的帮助，只会让我忐忑不安。

当周围的人因考试作弊、对父母说谎和工作时偷懒而获得利益时，保持诚实需要勇气。但切记，每个诚实的行为都是你的个人银行账户存款，而且在充实你的力量。

让自己得到休整、恢复和更新

同样，我们需要一个可以逃避的地方，一个某种意义上的避难所，我们可以在那里恢复好心情、充实精力。它不必是玫瑰花园、山顶或海滨，它可以是卧室，甚至是浴室，只要是个可以独处的地方。

埃丽逊找到了属于她自己的一个"秘密花园"。

当我还是个孩子时，父亲在一次工厂事故中意外丧生。我不知道细节，因为我不敢向母亲询问详情。也许是因为我已经在自己的脑海里塑造了他的一个完美形象，我不想破坏这个形象。对于我来说，他是个完美的人。如果他还活着，一定能保护我。在我脑海里他一直与我同在，而且我总在想象：如果他在这里，他会如何来保护我。

当我确实需要他的时候，我就去当地中学操场的滑梯。我有一种愚蠢的想法，觉得如果我爬上滑梯顶端，就能感觉到他。所以我就爬上滑梯顶部，躺在那里。我在脑海里向他倾诉，我能感觉到他在回答。我希望他能抚摸我，当然我知道他做不到。每当有什么事烦扰我时，我就去那儿与他分享我的烦恼。

除了找一个避难所外，还有很多其他的方法来恢复自己的精力，充实自己的个人银行账户。锻炼可以做到这一点，比如散步、跑步、跳舞或跆拳道。某些青少年建议看看老电影，和老朋友聊聊天，或者在电脑上录制一些音乐和视频。还有一些人会发现写日记有利于帮助他们应对烦心事。

开发自己的才能

发现并发展一种才能、爱好或特殊的兴趣，

可能是你所能做的最大一笔单项个人银行账户存款。

为什么讲到才能我们总是想到传统意义上的高级才能，例如像运动员、舞蹈家或获奖学者那样？事实是，才能有多种多样。不要觉得它们太不起眼。你可能生来善于阅读、写作或讲话。你可能天赋创造力，学什么都很快，或者善于待人接物。你可能掌握组织方面、音乐方面或领导方面的技巧。你的才能在哪里并不重要，无论它是下棋、戏剧还是收集蝴蝶，只要你喜欢做某件事情，而且还善于去做，那就足以令人高兴了。这是一种自我表现。正如下面这个姑娘所证实的，它能建立尊重。

当我告诉你我的才能和爱好是收集野草时，你可能会笑到肚子痛。我不是说你吸的那种烟草，我说的是到处生长的普通的野花和野草。我发现，当别人想消灭它们时我却总是注意着它们。

所以我开始收集野草，压扁它们，然后用它们做成美丽的图画、明信片以及艺术品。我总能用我那些个性化的图片让一些悲伤的心灵高兴起来。经常有人要求我去为他们布置各种花朵，要我与他们分享有关保存压扁植物的知识，这给了我多么大的宽慰和自信心啊。因为我知道了这种特殊才能的价值，让我能够欣赏被他人忽略了的某些事物。但还不止这点，它让我认识到，如果这么平凡的野草中都有这么多的内涵，那生活中林林总总的事物会包含多少内涵啊。它让我深思，它使我成为一个探索者，而我实际上只不过是个普通的女孩。

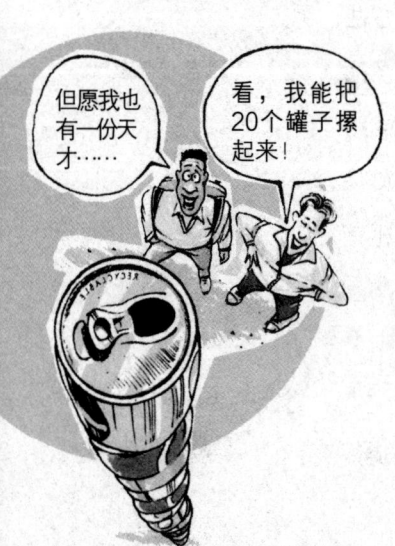

所以朋友们，如果你需要增强自信心，请开始向你的个人银行账户存款，今天就开始，你会立刻感觉到变化。

● 幼童学步 ●

信守对自己的诺言

1. 连续3天按计划的时间起床。

2. 确定一项今天必须完成的难度不大的任务，并决定何时去做。如把要洗的衣物放在一起、阅读一本书作为英语作业。现在信守自己的诺言，把它完成。

不因善小而不为

3. 今天默默做一件好事，如写一个感谢条、把垃圾袋拿出去或为某人铺床。

4. 看看周围有什么事，你能完成它而让自己有所改变。如清理附近的一个公园、自愿到老年活动中心服务，或者为某个视障的人读书读报。

开发自己的才能

5. 列出你希望今年能有所发展的才能，写下发展这些才能的步骤。

我希望今年有所发展的才能：_____

如何做到这点：_____

6. 列出你最欣赏的人所具备的才能

人名：_____

欣赏的才能：_____

从镜中的自己做起，我要他变得更好，这个信息清晰无比。要让世界更美好，看看镜中的自己，决心把他改造。

对自己要宽容

7. 想想生活中你认为自己表现不佳的领域。现在深深吸一口气，对自己说："这不是世界末日。"

8. 尝试一整天都不要有关于自己的负面想法。每次发现有负面想法都记下来，然后用三个有关自己的正面想法来替代这些负面想法。

让自己得到休整、恢复

9. 决定一个能振奋精神的有趣活动，而且今天就做。例如，随音乐起舞。

10. 感到瞌睡了？立刻站起来，绕着街区快步走。

诚实做人

11. 下次父母问起你的情况，尽可能敞开心扉，坦白地让他们知道，别故意略去一些信息以误导或欺骗他们。

12. 整整一天，尝试不夸大其辞，也不文过饰非！

习惯一
积极处世

第四章
习惯一：积极处世

我就是力量

在我家的环境中成长，有时是个痛苦。为什么？因为我老爸总是让我对生活中的每件事情负起自己的责任。

如果我说"我们新来的生物老师真差劲，我学不到什么东西"，我父亲就会说："你为何不去找生物老师，给他提点意见？更换老师？需要的话，不如找一个家庭教师。肖恩，学不好生物的话，那是你的错，不是你老师的错。"

他从不让我轻易脱身免责。他总是质疑，不让我把自己的行为归罪于别的什么人。幸而我的母亲比较宽容，她允许我把自己的问题归罪于别人，否则我的心理真要出问题了。

我经常大叫着回击："你错了。老爸！我不是自己要发狂。是她，是她把我搞得要发狂。别再烦我了，让我自个儿清静清静。"

人们的快乐就和他们自己想要的快乐一样多。
——林肯
美国前总统

你看，我老爸的观点就是，你必须为自己的生活负责，这对于处于青少年时期的我真是一服苦药。但现在回想起来，我能领会他这样做的道理。他希望我领悟世界上有两种人：积极处世的和被动反应的。一种人为自己的生活承担责任，另一种人总是埋怨别人；一种人主导生活，另一种人被生活牵着鼻子走。

习惯一"积极处世"，是养成所有其他习惯的关键，所以它排在第一位。它说："我有力量。我是自己生活的主人。我能选择自己的态度。我对于自己的快乐和不幸负责。我驾驭自己的命运之车，而不只是一名乘客。"

处世积极主动是获得个人成功的第一步。你能想象在学习加减法之前先做代数吗？这不可能。7个习惯也同样如此。你不可能在搞定习惯一之前先掌握习惯二、三、四、五、六、七。因为在你成为自己生活的主人之前，别的什么也做不成，难道不是吗？

主动还是被动，选择的主动权在你

每天你和我都有上百个机会来选择是积极处世还是被动反应。任何一天中，当天气很糟、你找不到工作、你妹妹偷偷拿走了你的上衣、你在学校选举中失败了、你的朋友在背后议论你、有人骂了你、你父母无故不让你用车、你在校园收到一张违章停车罚单、你测验不及格……你会怎么做？对于这些日常事件，你的习惯是被动的还是主动的？你可以自己选择。确实如此，你不一定要像别人那样反应，也不一定要像大家认为你应当做的那样反应。

被动反应 ▶

▲ 积极处世

你可以自己选择。

被动反应的人依自己的冲动作出反应。他们就像一罐汽水，如果生活把他们摇晃了一下，就会产生压力，他们就会突然爆发。

积极处世的人依价值观作出选择，他们先想后做。他们明白他们无法控制遇到的每件事，但他们可以控制自己对于这些事的反应。不像那些充满二氧化碳气体的被动的人，主动的人就像水。随便你怎么摇晃，打开盖——什么也不会发生。没有嘶嘶声，没有气泡，没有压力。他们冷静、镇定，能控制自己。

"我不会让这个家伙搅乱我一天的心情。"

被动反应的语言	积极处世的语言
我会试试看	我会做的
我一向是这样干的	我能做得更好
对此我无能为力	让我们看看都有哪些可能的办法
我只能	我选择
我不能	总会有办法的
你搅乱了我一天的心情	我不会让你的坏心情影响我

牺牲品病毒

某些人受到我称为"牺牲品病毒"的传染。这些人总认为每个人都对他们怀有恶意，世界欠了他们什么……而情况完全不是这样。

来自芝加哥的优等生阿德丽娜在一个传染了"牺牲品病毒"的家庭中长大。

我是黑人，而且为此而自豪。肤色并没给我带来多大阻碍，而且我从学校的老师和辅导员那里——无论是白人或黑人——同样学到好多东西。但在我自己家里，情况却完全不同。我老妈在家里主宰一切，她来自南方，今年50岁了，但行为举止却好像奴隶制刚刚废除似的。她把我在学校的良好表现看作是个危险信号，就好像我正在参与"白人联盟"。她至今仍然使用"他们不让我们参加这个，不让我们参与那个，他们要困住我们，不让我们做任何事情"这类语言。

我总是反驳：没人不让你做任何事情，只有你不让自己做任何事情，因为你总是这么想。甚至我男朋友也抱着"白人总在限制我"的态度。当他近来试图买车而最后没买成时，他也沮丧地抱怨"白人不愿意我们得到任何东西"。我几乎要发火，告诉他这是多么愚蠢的想法，但结果他却觉得我站在白人一边。

我确信，只有你自己才能阻止你的进步。

积极处世有回报

玛丽·蓓丝自己发现了积极处世的好处。

学校的课程中谈到积极处世，但我不知道如何应用这个原则。一天，当我为某个家伙结算食品时，他突然说我刚刚结算的食品不是他的。我抑制了自己的第一反应"你这个傻瓜",然后放上超市收银台的客用隔货板,把后面顾客的食品隔开。"为什么你不早一点儿阻止我?"我只得删除所有这些条目,还要找管理员来确认这些变更,这时他却站在那里觉得好玩。我已经很生气了,他竟敢还火上浇油质疑我输入的椰菜价格不对。

我仔细一核对,大吃一惊,发现他居然是对的,我输错了椰菜商品条码。我气急败坏,正要大骂他一通,以掩盖自己的错误。这时,我脑中冒出了个念头:"积极处世"。

于是我说道:"先生,你是对的,完全是我的错。我会改正这个价格,只需要几秒钟。"

我还记得,积极处世并不意味着完全消极。于是我委婉地提醒他,如果他不希望下次还发生这种事,他应当把隔货板放下以隔开其他顾客的食品。

感觉真爽。我道了歉,但我也说了我想说的话。这是一件简单的小事,但是它触动了我的内心,并让我对于这个习惯增强了信心。

这里你可能有话要说,你会说:"拜托,这可不那么容易。"无疑,积极处世是更高境界。

但切记,这并非要求你完美无缺。事实上,你我都不是完全被动的,也不是完全主动的,大概在两者之间。关键是培养积极处世的习惯,这样你就能自然而然地这样做,甚至不用动脑筋去想。如果你每天平均100次中有20次选择了积极处世,那就努力每100次中30次选择主动。然后是40次。决不要低估这点变化,很小的改进能带来巨大的差别。

我们能控制的只有一件事情

事实是,我们无法控制遇到的每件事。

画两个圆圈。内圈是我们的控制圈,它包括我们能控制的,例如我们自己、我们的态度、我们的选择、我们对所遭遇事情的反应。控制圈以外的是无法控制的范围,包括成千上万我们无能为力的事情。

如果我们耗费时间和精力去为我们无法控制的事情——一句粗鲁的言语、一个过去所犯的错误、天气不佳——而烦恼,那会怎样?想想看!我们会觉得自己更加失去控制,就好像自己成了牺牲品似的。例如,如果你妹妹打扰你而你则一直在抱怨她的弱点(这可是你无法控制的),这丝毫不会有助于问题的解决。只会让你把问题归罪于她,而你自己则失去力量。

将挫折转化为成功

生活中我们经常遭遇打击,面对打击如何反应却是我们自己的选择。我们每次遭遇挫折都是将挫折转变为成功的机会。米歇尔(W. Mitchell)是白手起家的百万富翁、广受欢迎的演说家、前任市长、漂流筏运动爱好者、空中造型跳伞运动员,而这些成就是在他经历了事故以后获得的。

如果你看到米歇尔本人,你会觉得难以置信。他脸上移植了各种颜色的皮肤,两手的手指不是缺失了就是只剩下残根。他瘫痪的双腿耷拉在那儿,又细又长。米歇尔说有时人们纷纷猜测究竟他是怎么受伤的。一场车祸?战争?真实的故事要比想象的更

令人惊骇。1971年6月19日,他还处于世界的巅峰。前一天他刚买了一辆崭新的摩托车,那天上午他第一次驾车出行。他年轻、富有,处处受到欢迎。

他回忆:"那天下午,我骑着摩托车去工作,在一个交叉路口与一辆洗衣店的卡车相撞。摩托车压碎了我的胳膊和骨盆。油缸破裂,流到摩托车上的汽油被炙热的引擎点燃,我身上65%的皮肤被烧伤。"幸而旁边车上一个反应敏捷的人用灭火器浇灭了他身上的火,总算挽救了他的性命。

虽然留下一条活命,但米歇尔的面部被烧毁,手指变得扭曲、炭化,双腿只是两堆红肉。第一次看到他的人几乎都会晕过去。他失去知觉,直到两周后才醒来。

4个月内他13次输血、16次皮肤移植并做了若干次其他手术。之后,米歇尔经过了几个月的康复和几年的适应性生活,然而4年后令人不可思议的事情发生了。米歇尔居然又遭遇了一场飞机坠毁事故，腰部以下瘫痪。他说："当我告诉别人我经历了两次重大事故，他们几乎无法相信。"

在那场飞机失事后，米歇尔记得在医院的健身房中自己遇到了一个19岁的病人。"那个家伙也瘫痪了。他过去喜爱爬山、滑雪，是个积极的户外运动者，瘫痪后他认为自己的生活完了。我对他说：'你明白吗？过去我可以干10000种事情，现在只剩下9000种。我可以花整整下半生来惋惜那失去的1000种，但我选择集中注意力于那剩下的9000种。'"

米歇尔强调："我是我自己命运的主人。这是我个人的盛衰沉浮，我可以选择把这看作是一个新的起点。"

我喜欢海伦·凯勒（Helen Keller）的话："生活给了我如此之多，我没有时间去思索我没有得到的。"

我们迟早也会遭受挫折，虽然绝大部分不会像米歇尔所遭受的那么严重。你可能在一次学校竞选中失利，你可能被一帮家伙揍了一顿，你可能被你所中意的学校拒绝，你可能患有重病。我希望而且相信，你在这些关键时刻能积极处世，能表现坚强。

我记得自己曾遭遇过一次严重的挫折。在我获得大学橄榄球四分卫首发位置的两年之后，我的膝盖严重受伤，继而失去了首发位置。我还清楚记得球季开始前教练把我叫到他的办公室，告诉我他将把首发位置安排给另外一个人。

我感觉糟透了。我努力了一辈子就是为了得到这个位置。这是我的大学四年级，这种事是不应当发生的。

作为替补，我可以选择。我可以抱怨、说那个新人的坏话、为自己而惋惜，可以……我可以充分利用这个处境来发泄。

幸而我决定积极应对这一新局面。我不能再扔出触地得分的球了，但是我可以用别的方式起作用。所以我把骄傲咽到肚子里，着手帮助那个新手以及整个球队。我努力工作，为比赛做好准备，就好像自己是首发似的。而且，更重要的，我选择抬起头做人。

这容易吗？决不。我常常觉得很失败。在当过首发队员之后，要每场比赛坐在替补席上简直是种耻辱。保持良好态度更是个持续的挑战。

这是正确的选择吗？当然。即使我整年坐在板凳上无所事事，我仍以其他方式作出了贡献。最重要的，我为自己的生活负起责任，而这个决定给我的生活带来了多么积极的影响，简直让我无法形容。

做个改变的先行者

有一次，我问一群青少年，谁是你行为的榜样？一个女孩说是她妈妈，另一个男孩说是他哥哥，等等，只有一个人保持沉默。我问他崇拜谁，他回答："我没有行为榜样。"他根本不想成为那些理应是他行为榜样那样的人。不幸的是，许多青少年都这样。他们成长的家庭一团糟，没有什么人可以做行为榜样。

我访问了一个来自中西部的名叫谢恩的16岁孩子，他成为其家庭改变的先行者。谢恩与其父母和两个兄妹生活在城镇的一个贫困区里。虽然父母仍生活在一起，但是经常吵架、互相指责对方有婚外情。他父亲开卡车，从来不待在家里。他母亲与他12岁的妹妹一同抽烟。他哥哥念高中时两年不及格，最后干脆退了学。有一段时间谢恩失去了希望。

正当他觉得滑到了谷底时，他参加了学校一个性格培养班（讲授这7个习惯），他看到可以做一些事情来控制自己的生活，为自己的生活创造一个新局面。

幸而，谢恩的祖父拥有他们家楼上的公寓，谢恩搬进公寓，付他100美元房租。这样他有了自己的避难所，可以把一切他不愿参与的事情关在外面。谢恩说："现在情况好转了。我可以对自己好一些，可以实现对自己的尊重。我家人可没多少对他们自己的尊重。虽然我家没人上过大学，我却被三所大学接受。我做的每件事情都是为了我的未来。我的未来一定会有所不同。我知道我不会与我12岁的妹妹坐在一起，一同抽烟。"

你有内心的力量可以战胜任何遗传因素。你可能没有像谢恩那样搬到楼上逃避的机会，但是，你可以在思想上搬到楼上。不管你的境遇如何糟，你都可以成为改变的先行者，并为自己和后代创造一个新的生活。

强化你的主动心态

对自己的生活负责，通过强化你的主动心态避开地面的坑洞。这是个"突破性的习惯"，它给你带来的好处将远远超出你的想象。

能做到

积极处世意味着两件事。首先，对自己的生活负责。其次，抱着"能做到"的态度。"能做到"与"做不到"可大有区别。

美国飞行家艾里诺·史密斯（Elinor Smith）曾说过："很久以前我就注意到，有成就的人很少坐等事件的来临，而是走出去促使事件发生。"

能做到	做不到
采取主动，促使事件发生	等待事件发生
思索的是解决方案和各种选择	思索的是问题和障碍
主动行动	被动接受他人行动的影响

这是何等正确呀。要达到你的生活目标，你必须主动出击。如果没人约会让你感觉很糟，别暗自生气，要立即行动。设法创造更多的机会见更多的人，态度友好，面带微笑。去邀请他们，他们也许还不知道你有多么出色呢。

别等待完美的工作落到你的头上，要主动寻找，散发你的简历、上网、免费做义工。

我工作中的一个伙伴，皮娅，告诉我下面的故事。虽然这是很久以前的事了，但是"能做到"的原则是相通的。

当时我在欧洲的一个大城市，是美国合众国际新闻社的全职记者，没有经验、总是担心达不到那些年长而坚韧的男同事的期望。披头士乐队要来我们市了，而上级居然派我去报道他们的新闻（我的上司不知道他们多么著名）。那时他们可是欧洲最热门的新闻热点呀，他们一出场就会使成百上千的姑娘激动得晕倒！而我竟被派去报道他们的新闻发布会。

新闻发布会令人兴奋，而我也兴高采烈。但是，我希望这次报道摆脱千篇一律的描写，而与众不同，因此我需要一些更丰富、更耐人寻味的消息，能登上头版的新闻。我决不能浪费这个机会。那些有经验的记者一个个离开，去写他们的报道了，我却留了下来，我想我必须想出什么办法去见到披头士他们本人，没时间再等了。

我走向旅馆大厅，拿起话筒，拨通了他们的号码。我想他们应该还没走。他们的经理接的电话。我自信地（我还能损失什么？）说："我是美国合众国际新闻社的皮娅·简森，我想与披头士他们谈谈。"

让我惊异的是他居然说道："上来吧。"

我战战兢兢地进了电梯上到皇家套间，就好像中了大奖似的。我被领入一个大房间，大得好像有整个楼面那么大。他们全都坐在那儿——约翰、保罗、林格和乔治。我强忍住自己的不安，装得像个世界级的一流记者。

我们一起说笑，而我则飞快地记下其中的精彩，这是我一生中最愉快的两个小时了。他们举止庄重，尊重他人。

我的报道登上了第二天国内大报的头版，而对每个披头士成员的更详细的采访，则作为特写登在后几天世界各大报上。当其后滚石乐队来的时候，你猜他们把信件发给谁？发给了我，一个年轻的没经验的女记者。我用了同样的方法，而且同样也很成功。很快我发现，通过坚持而又不让人讨厌，我就能获得成功。于是，在我脑海中形成了这样的观念，我相信任何事都是可能的。有了这种方法，我总是能得到最好的新闻，我的记者生涯也迈向了一个新的高度。

英国剧作家萧伯纳了解有关"能做到"的一切，请听他是怎么说的："人们总是责怪环境造成自己的困境。我不相信环境。人们出生在这世上，都在寻找所要的环境，如果找不到，那就应当自己去创造。"

请注意戴尼斯是如何创造环境的。

作为青少年的我想去图书馆工作，我知道这听上去很奇怪，但我就是想要这个工作——比以前想要任何东西都更迫切，然而当时他们不需要人手。那时我每天去图书馆阅读,与朋友逗留在那儿,就是不想待在家里——我已经老待在这里了,还有什么比这里更好的工作地点吗?虽然我没有在此正式工作,但我慢慢认识了这里的每个工作人员,而且还自愿做特殊活动的义工,很快我就成了这里的准正式成员了。这很值得。当他们最后需要人手时,我自然成为他们的第一选择,而我也得到了我最好的工作。

按一下暂停键

当某人对你粗鲁,你从何处获得力量来抵制以暴易暴的冲动呢?对于刚开始尝试的人,按一下暂停键就行。(如果我记得没错,暂停键应当在你额头的中央部位)。有时生活节奏进行得如此之快,我们的瞬间反应全是出于习惯。如果你学会了按暂停键、控制自己、仔细考虑你想要如何反应,那么你就会作出更聪明的决定。确实,你的童年、你的父母、你的基因、你的环境都影响你以某种方式行动。但是它们不可能迫使你做任何事情。你的命运不是命中注定的,而是可以自由选择的。

当你的生活处于暂停时,打开你的工具箱(你生而享有的工具箱),使用人类四个工具来帮助你做出明智的决定。动物没有这些工具,这就是为什么你比你的狗更聪明。这些工具是:自我意识、良知、想象力和意志力。你可以把它们叫作你的力量工具。

自我意识	我能站在旁边观察我自己的思想和行动。
良知	我能倾听我自己的良心以分辨对错。
想象力	我能预想各种全新的可能性。
意志力	我有选择的力量。

让我们想象名叫罗莎的年轻人与她的名叫乌夫的狗正在散步,通过这个情境来描述这些工具。

罗莎说:"嘿,出去散散步怎么样?"乌夫则跳上跳下,摇着尾巴。

对于罗莎来说,这是难熬的一周,她与母亲也几乎闹到了不讲话的地步。

当她们走在人行道上,她思索着过去的一周,"你明白吗?最近什么都不顺,这大概就是为什么我对妈妈这么粗鲁的缘故,我把自己的沮丧情绪完全撒在她身上了。"

你看,罗莎在干什么?她正站在旁边评价、审视自己的行为。这个过程就叫"自我意识",它是人类的一个天赋工具。利用她的自我意识,罗莎得以认识到她的心情影响了她与母亲的关系。这个观察是改变她对待母亲的方式的第一步。

这时乌夫看到前面有一只猫,立刻狂热地追过去。

虽然乌夫是一只忠心的狗,但它完全没意识到自己是只狗,它甚至不知道自己是一只狗。它不会站在旁边估量自己说:"你明白吗?自从苏西(隔壁的狗友)搬走,我就把怒气发泄在街区所有的猫身上。"

当罗莎散步时,她开始精神恍惚,她真有些迫不及待地等着明天的音乐会,会上将有她的独唱。音乐就像她的生命。罗莎想象自己在会上歌唱、激起观众的阵阵赞叹,然后又鞠躬向她良师益友的起立欢呼致谢……那些聪明伶俐的家伙。

在这个场景中罗莎使用了另一个人类工具——"想象力"。这是个非凡的天赋才能。它让我们能离开当前环境,在自己脑海中创造新的可能性。它给予我们一个机会去想象我们的未来,在梦想中成为我们一心想成为的人。

当罗莎在想象自己的荣耀时，乌夫忙于从泥土中挖掘，试图得到一条蚯蚓。

乌夫的想象力就像石头一样微不足道，它的思想只限于当前，它无法想象新的可能性。你能想象乌夫想"总有一天我会把苏西揍一顿的吗？

海德开车经过时，对罗莎说："你好罗莎，我听说了你最近在学校的事。"

罗莎对于海德提到学校的事很不高兴。虽然她十分想对海德唐突失礼，但是，她知道海德刚来学校，非常需要朋友。罗莎觉得热情友好才是正确的做法。

"对呀，最近确实很糟。海德，你的情况怎样？"

罗莎刚才使用的人类工具是"良知"。良知是"内心的声音"，它总是教我们分清对错。我们每个人都有良知，它或者不断增长，或者逐渐缩小，这取决于我们是否听从它的提示。

这时乌夫正拿自己的身子在纽曼先生新刷过油漆的尖桩篱栅上蹭痒痒。

乌夫绝对没有对错的道德观念，它不过是一条狗而已，狗总是顺从其本能行事。

罗莎散步走完了一圈，她打开自家的前门，听到母亲从另一间屋里大声说道："罗莎，你刚才去哪了？我一直在到处找你。"

罗莎已经决定对她母亲保持冷静，所以，尽管她本想大声说"别烦我"，还是平静地回答：

"妈妈，没什么，不过是带乌夫出去散步了。"

当乌夫从开着的门冲出去追逐骑自行车的报童时,罗莎大叫:"乌夫!快回来,乌夫!"

罗莎使用了第四个人类工具"意志力"来控制其愤怒。而乌夫还是不听呵斥,受本能驱使去追报童了。意志力是行动的力量,它说:我们有力量来选择、来控制自己的感情,并克服自己的习惯和本能。

正如你从上述例子中看到的,日常生活中我们或用或不用我们拥有的四个人类工具。我们越使用它们,它们就越强大有力,我们就越具有积极处世的能力。然而,如果我们不使用它们,我们就会像狗一样出于本能而行事,而不是像人一样出于选择而行动。

让我来问你,你是你自己生活的司机呢,还是仅仅是名乘客?你是正在指挥着自己的交响乐呢,还是一件被演奏的乐器?你是一罐汽水呢,还是一瓶水?

该说的都说了,该做的都做了,选择可是你自己的事了。

•幼童学步•

1. 下次有人对你无礼,以平和回应。

2. 今天一天,细心倾听你自己的语言。请计算一下,有多少次你使用了被动的语言,例如"你使我……""我只能……""为什么他们不能……""我不能……"。

3. 今天去做一件你过去想做而一直不敢做的事。离开你的安乐窝去行动:邀请某人和你约会、举手回答问题、参加某个运动队……

4. 给自己写一张纸条："我不会让_____来左右我的情绪。"把纸条放在你上了锁的储物柜里，贴在镜子上或者列入计划中，经常看它，让它提醒你。

5. 下一次聚会，别光是坐在墙角，等待惊喜来找你，你自己去寻找惊喜。如果有新人，走上前去介绍自己。

6. 下次你得到一个自认为不公平的分数，别放弃或哭鼻子，约见老师，讨论这个问题。看看你能通过此事学会什么。

无论我失败还是成功，这都是我自己行事的结果，与他人无关。我就是力量。

7. 如果你与父亲、母亲或朋友发生了争执，你先道歉。

8. 确认你无法控制的范围中始终让你牵肠挂肚的一件事，现在就下定决心不再为它担忧。

我无法控制并且始终感到担忧的事：_____

9. 如果有人在大厅里撞倒了你，对你恶言相向或者排队加塞，在发作之前先按一下暂停键。

10. 马上运用你的自我意识工具，问问自己："我最不健康的习惯是什么？"下定决心改掉它。

最不健康的习惯：_____

我如何改掉这个习惯：_____

习惯二
先定目标后有行动

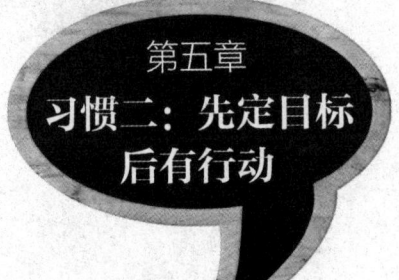

把握你自己的命运，
不然别人就要越俎代庖

"能否请你告诉我，我该走这里的哪条路？"猫说："这要看你想去哪儿。"爱丽丝说："我去哪儿都无所谓……"猫说："那么，走哪条路都是一样的。"

——《爱丽丝梦游仙境》(Alice's Adventures in Wonderland)

刚刚有人要你完成一幅拼图。你以前曾经完成过许多这样的拼图，于是就兴致勃勃地开始了。你倒出了所有的1000片拼图，把它们摊在大桌子上。然后，你拿起盒盖，看看你要拼出什么样的图案。但是，盒盖上没有图案！上面空白一片！你想，如果不知道图案是什么，怎么可能完成拼图呢？如果你能再看看拼好的图案该是什么样就好了。仅此而已。那样的话，情况会多么不同啊！如果看不到，你甚至都不知道该从哪里开始。

现在，想想你自己的生活和你的1000片拼图。你的头脑中是否有个目标？你是否清楚地知道自己在1年后想成为什么样的人？5年后呢？或者，你是否全然没有头绪？

习惯二——先定目标后有行动，也就是说，清楚地构想自己将来想要怎样的生活。这意味着你要决定自己的价值观并确立目标。习惯一说，你是自己生活的司机，而不是乘客。习惯二说，既然你是司机，你就要决定自己的目的地，并且勾画出通往目的地的路线图。

你可能在想："等等，肖恩。我不知道自己有什么目标，我不知道自己长大以后想要成为什么样的人。"我已经长大了，但我仍然不知道自己想要成为什么样的人——这也许会让你觉得好受些。我所说的"先定目标后有行动"并不是说，要决定未来的所有细节，比如选择自己的职业或者决定自己的终生伴侣。我只是说，要让眼光超越今天，决定你希望自己的生活向哪个方向发展，这样一来，你所迈出的每一步始终都是沿着正确的方向。

什么是"先定目标后有行动"

也许你没有意识到这一点，但其实你一直在这样做。也就是说，先定目标后有行动，是人们的惯常做法。在盖房子之前，你会设计蓝图。烤蛋糕之前，你会阅读菜谱。写论文之前，你会拟定提纲（至少我希望你会这样做）。这是生活的一部分。

现在，让我们运用你的想象力，体验"先定目标后有行动"的感觉，找一个你能独处而不受打扰的地方。

好了，现在，抛开一切念头。不要忧愁学校、朋友、家人，或者你额头上的那个青春痘。你只需跟着我集中精神，深呼吸，放飞思绪。

在想象中，你看到有个人从大约半个街区以外向你走来。起初，你看不出这是谁。随着这个人越走越近，你突然意识到（信不信由你），这就是你。但是，这不是今天的你，而是你所希望的自己在1年后的样子。

现在，认真想一想。

在过去的1年里，你是如何生活的？

你的内心感觉如何？

你看上去是什么样子？

你具有哪些特点？（记住，这是你所希望的自己在1年后的样子。）

现在，你可以回到现实中来了。如果你是个遵守游戏规则的人，而且真的试做了这个实验，那么你也许就会接触到更深层的自我。你知道了自己重视哪些东西，也知道了自己在今后1年里希望实现哪些目标。这就叫"先定目标后有行动"，这一点儿也不会让人感到不适。

定下目标为何如此重要？我会告诉你两个很充分的理由。首先，你正处在人生中一个关键的十字路口，你现在选择的道路可能会影响你的终生。其次，如果你不决定自己的未来，别人就会替你这样做。

人生的十字路口

你年轻,自由,全部生活都展现在你面前。你站在人生的十字路口,你要选择自己该走哪条路:

你想上大学还是研究生?

你将对人生持什么态度?

你应该参加那支运动队的试训吗?

你想拥有什么样的朋友?

你会加入流氓团伙吗?

你会选择什么样的价值观?

你希望与家人建立什么样的关系?

你会有什么样的主张?

你将如何为自己的社区尽一份力?

你现在选择的道路可能会影响你的终生。我们在如此年轻气盛的时候就要作出这么多至关重要的决定,这既让人害怕,又令人兴奋,但生活就是这样。想象一下,你的面前是一根80英尺的长绳。每1英尺都代表你生活中的1年。青少年时期只有7年,这段绳子真是很短,但这7英尺会对剩余的61英尺产生重大影响,这种影响也许很好,也许很糟。

朋友的问题

以你的择友问题为例。你有没有注意到他们对你的人生态度、名誉以及人生方向有多大的影响?被接纳并成为一个团体的一部分的欲望是非常强烈的。但是,在选择朋友时,我们往往过多地把"谁愿意接纳我们"作为先决条件。这并不总是一件好事。例如,要想被吸毒的孩子们所接受,你所要做的就是自己也去吸毒。

缺少朋友日子很难,但有些时候,一段时期内没有朋友也比交上坏朋友强。坏群体会带你走上你其实并不想走的各种道路。改弦易辙可能会是一段漫长而艰难的历程。我有个密友很幸运,他理智地放弃了旧朋友,交上了新朋友。他讲述了以下经历。

毕业前一年的夏天,我有个名叫杰克的铁哥们儿。开学前一个月,他去了欧洲。让我吃惊的是,他带回了一种名叫"大麻"的强效毒品。我们以前都没尝过毒品。他开始邀请我和他的一帮"新"朋友一起吸食这种毒品。他还开始参加"24俱乐部",也就是围坐一圈,一瓶接一瓶地喝下24大瓶啤酒,直到喝光为止。我知道这样下去是没有出路的。如果他继续吸食这些毒品,最终会毁了自己。不过,他从小学开始就是我最要好的朋友,我也没有太多其他的亲密朋友。我不想孤单一人,但我也不想走上杰克那条路。

我记得自己最后(悲伤地)决定,再和他交往真是太危险了。所以,上毕业班那年,我不得不重新开始结交朋友。起初我感到不知所措,觉得自己与别人格格不入,只身一人的时候觉得自己又蠢又笨。但是,过了几个月,我就与一些价值观相似的人成为朋友,这些人也很有意思。

我的老朋友杰克成了瘾君子,差点没能毕业,最后由于吸毒而淹死在了游泳池里。这很让人难过,但我感到庆幸,因为我有勇气坚持正确的决定,而且在人生中的关键时刻能从长计议。

如果你难以交到好朋友,那么就记住,你的朋友未必总要与你同龄。我曾经与一个人交谈过。他在学校里似乎没什么朋友,但他确实有个能听他倾诉的祖父，祖父就是他很好的朋友。这似乎填补了他生活中友情的空白。总之，选择朋友的时候一定要聪明些，因为你的未来在很大程度上取决于你和什么人混在一起。

教育的问题

你对教育的态度也会对你的未来产生重要影响。克丽斯塔的经历表明，在教育方面，先定目标后有行动会产生怎样的回报：

上中学三年级的时候，我决定选修可以转学分的美国历史课。学年结束时，我就有机会参加全国资格考试，把学分转入大学了。

整个学年里，老师给我们留了成堆的家庭作业。坚持下来困难极了，但我下定决心要取得好成绩，并且要通过全国考试。一旦确定了这个目标，全力以赴地完成所有作业就变得轻松了。

有一项作业特别花时间。老师要每个学生观看一部关于南北战争的纪录片，就每一部分写一篇论文。这部系列片连着放了10天，每部分长达两个小时。作为活跃的中学生，抽出时间是很困难的，但我做到了。我把报告交了上去，并且发现，我是少数几个看完了全片的学生之一。

考试的日子终于到了。学生们都提心吊胆，气氛紧张极了。监考老师宣布："开始。"我做了个深呼吸，打开第一部分的封印——多项选择。每答一道题，我就增加了一分自信。我知道答案！我答完这部分题目之后好几分钟，才听到老师说："停止答卷。"

接下来，我们每个人要写一篇论文。我紧张地打开论文部分的封印，快速瞄了一遍题目。我利用阅读材料和那部纪录片中的资料回答了一个关于南北战争的问题。完成考试的过程中，我感到冷静而自信。

几周后，我接到了邮寄来的分数——我通过了！

如果你不做决定，别人就会替你做

如果你不做展望，别人就会替你做。正如一度也曾青春年少的企业高管杰克·韦尔奇（Jack Welch）所说的那样："把握你自己的命运，不然别人就要来把握。"

你也许要问："谁会这样做呢？"

也许是你的朋友、父母，或者是媒体。你希望由朋友告诉你，你应该有什么主张吗？你的父母也许很不错，但你希望他们为你勾画人生的蓝图吗？你想接受肥皂剧、杂志和电影中宣扬的价值观吗？

看到这儿，你可能会想："我不想过多地考虑未来。我想生活在现在，跟着潮流走。"我很赞成"活在当下"。我们应该享受现在的生活，而不是不着边际地空想。但是，我不赞成"跟着潮流走"。如果你决定随大溜，你最终就会走到潮流导向的地方。这通常是下坡路，往往会是个烂泥潭以及终生的不幸。你最终会做其他所有人正在做的事情，而这也许并非你的目标和初衷。"随便到哪儿，就哪儿都到不了。"

如果不确定自己的目标，跟随别人的脚步，走别人的路，甚至会让我们陷入没有前途的窘境。这让我想起了我在参加10公里公路赛跑时的经历。我和其他一些选手等着比赛开始，但谁都不知道起跑线在哪儿。然后，几个选手开始沿着路往前走，就好像他们知道起跑线在哪儿似的。所有人（包括我自己）都开始跟着走，我们以为他们知道自己在往哪儿走。走了大约1公里之后，我们所有人突然意识到，我们就像一群傻乎乎的绵羊似的，跟着几个不知道在往哪儿走的傻瓜。我们后来发现，起跑线就在我们开始跟着别人瞎走的地方。

千万不要以为，人群肯定知道自己将走向何方，因为他们通常并不知道自己的目的地。

个人使命宣言

确定目标是如此重要，那我们又如何做到这一点呢？我发现，最佳方法就是撰写个人使命宣言。个人使命宣言就像是阐述生活意义的个人信条或备忘录，它就像是你的人生蓝图。国家有宪法，宪法发挥的就是使命宣言的作用。大多数公司（比如微软和可口可乐）都有使命宣言。但是，我认为这种宣言对个人的效果最好。

所以，为什么不撰写你自己的个人使命宣言呢？许多青少年都这样做了。正如你将看到的那样，宣言形形色色，多种多样。篇幅有长有短。有些是诗歌，有些则是歌曲。有些青少年把他们最喜爱的名言作为使命宣言。

我来给你看看几个青少年的使命宣言。

第一份是一个名叫贝丝·海尔的女孩递交的。

首先,我会始终忠于上帝。

我不会低估家庭团结的力量。

我不会忽视真正的朋友,

但我也会留出给自己的时间。

我会在遇到难关时加以克服。

我会乐观而不是疑惑地迎接所有挑战。

我将保持高度的自尊和积极的自我形象,

我知道,我的所有打算都开始于自我评价。

玛丽·贝思·西尔维斯特把歌曲《皇帝的新装》(*Emperor's New Clothes*)作为自己的使命宣言。歌中唱道:

我要按自己的原则生活。

我会毫无愧疚地入睡。

我会安然进入梦乡。

我认识一个来自北卡罗来纳州的少年名叫亚当·索斯纳。他很熟悉这7个习惯,而且"迫不及待地"想要制订未来的计划。毫不令人惊奇的是,他撰写了使命宣言,并且主动拿给我们看。

◎ 对自己和周围的人满怀信心。

◎ 善良,谦恭,对所有人以礼相待。

◎ 确定可行的目标。

◎ 永远不忽视这些目标。

◎ 永远不要把生活中的点滴幸福视作理所当然。

◎ 尊重别人的差异,把他们的差异看作巨大的优势。

◎ 提问。

◎ 每天努力做到相互依存。

◎ 记住，在你改变别人之前，你必须首先改变自己。

◎ 用行动来说话，不要夸夸其谈。

◎ 抽出时间帮助那些不如你幸运或者生活不愉快的人。

◎ 每天读一读7个习惯。

每天读一读这份使命宣言。

那么，撰写使命宣言能对你起到什么作用呢？作用无数多。最重要的作用是，让你看到对你真正重要的东西，帮助你作出相应的决定。一个高中生向我们讲述了撰写使命宣言如何让她的生活出现显著变化。

上三年级时，我对什么都无法集中精力。后来，我在学校参加了一个性格培养班。他们要我写一份使命宣言。我动了笔，然后一路写了下去，不断增加着新的内容。这让我有了方向和关注重点。我觉得自己的行为有了计划，也有了理由。这真的帮我坚持了自己的准则，不打无准备之仗。

个人使命宣言就像一棵扎根很深的大树。它很稳固，不会四处游移，但它也是生机勃勃，而且不断生长的。

发现你的才能

拟订个人使命宣言的一个重要部分就是发现自己的专长。我能肯定一点，那就是：所有人都拥有某种才能，某种天赋，某种专长。有些才能（比如歌喉如天籁般美妙）会吸引许多人的注意力。然而，其他许多才能尽管不会同样引人注意，但却同样重要（如果不是更重要的话）：比如善于倾听、让别人开怀大笑、奉献、包容、绘画，或者单纯的讨人喜欢。

我永远不会忘记，我是怎样发现了一项我原以为自己并不具备的才能。为了完成威廉斯先生在一年级英语课上布置的创意写作作业，我激动不已地交上了中学的第一篇作文，题目是《老人与鱼》。在我成长的岁月中，这是父亲晚上经常给我讲的故事，我以为是他自己编出来的。他根本没有告诉我，他直接窃取了海明威（Ernest Hemingway）的获奖名著《老人与海》（The Old Man and the Sea）中的情节。我的作文发下来之后，我吃惊地发现，上面的评语是："有点老套，像是海明威的《老人与海》。"我想："这个海明威是什么人？他怎么剽窃我老爸的故事？"这就是我4年乏味的中学英语课的不幸开端。对我来说，这些课程比一团烂泥更令人沮丧。

直到上大学之后，我选修了一位与众不同的教授主讲的短篇小说写作课，我才开始觉察到自己的写作热情。你信吗，我甚至主修了英语。威廉斯先生恐怕已经不在人世了。

伟大的发现

"伟大的发现"是一项趣味活动，目的是在你准备撰写使命宣言的时候帮助你发掘更深层的自我。请在下面问题的逐步完成过程中诚实地回答。如果愿意的话，你可以把回答写在书里。如果你不想把回答写下来，那就在脑子里过一遍。我想，当你完成之后就会更清楚地知道,什么能激励你,你喜欢做什么,你崇拜什么人,你希望自己的生活朝什么方向发展。

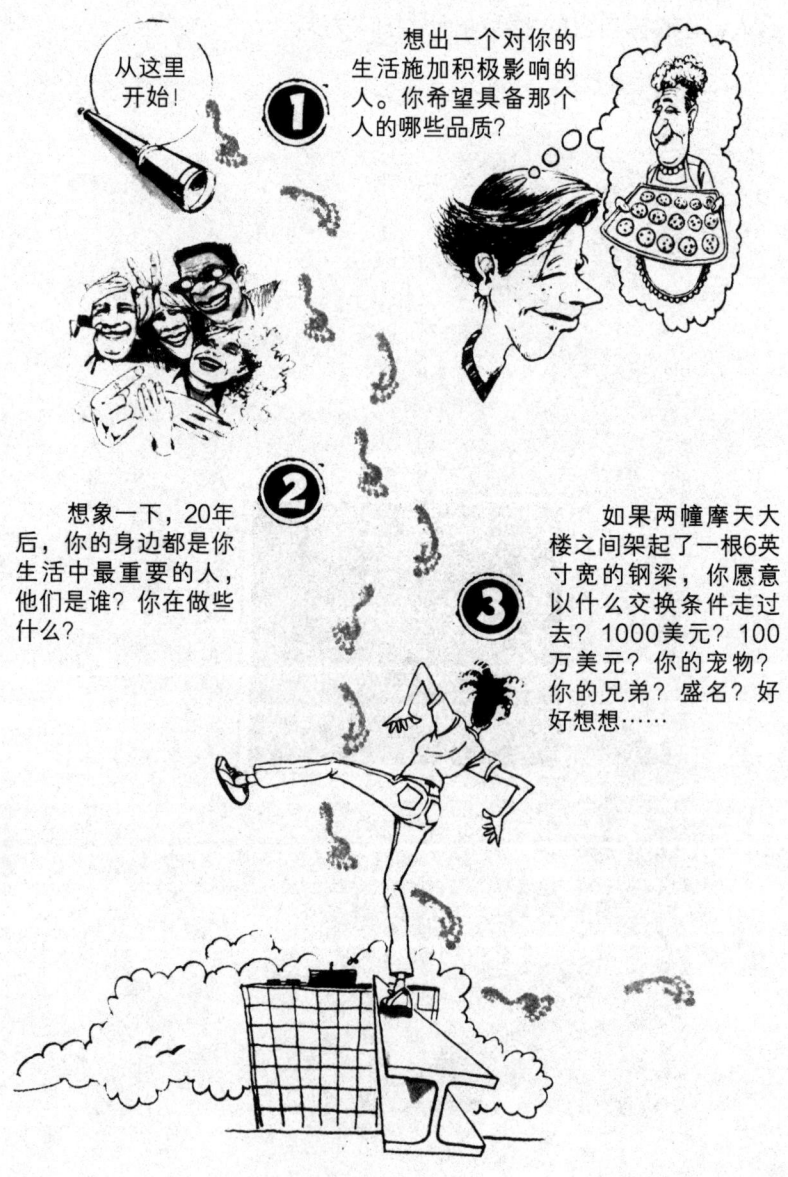

第五章
习惯二：先定目标后有行动

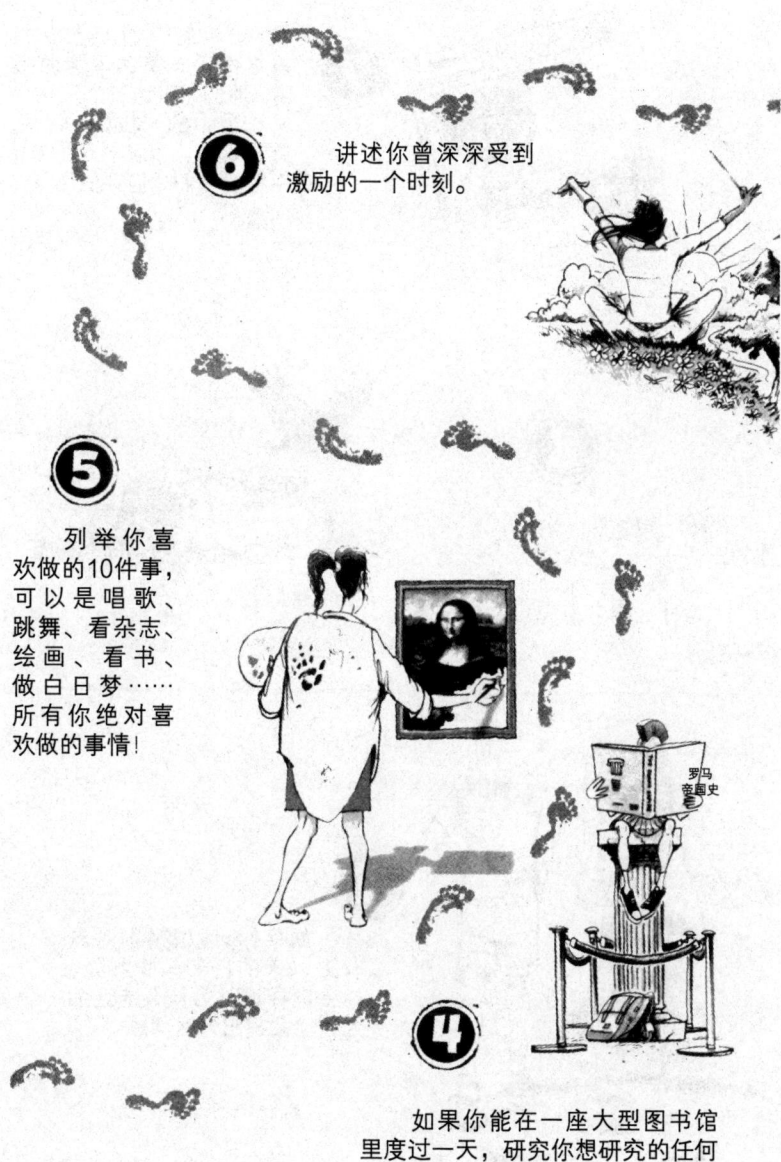

❻ 讲述你曾深深受到激励的一个时刻。

❺ 列举你喜欢做的10件事，可以是唱歌、跳舞、看杂志、绘画、看书、做白日梦……所有你绝对喜欢做的事情！

❹ 如果你能在一座大型图书馆里度过一天，研究你想研究的任何东西，你会研究什么？

⑦ 5年后,你们当地的报纸做了一篇关于你的报道。他们想采访三个人——父母当中的一位,一个兄弟或姐妹,以及一个朋友。你希望他们如何评价你?

 想出一种能代表你的东西——朵玫瑰花,一首歌,一种动物……为什么用它来代表你?

⑨ 如果你可以花1小时与有史以来的任何人物共处,你会选择谁?为什么选这个人?你会提出什么问题?

第五章 习惯二:先定目标后有行动

擅长

数学
文字
创造性思维
田径
作为推动者
体察别人的需求
机械
艺术
与别人合作
记东西
决策
制作东西
接纳他人
预言将要发生的事情

演讲
写作
跳舞
倾听
唱歌
幽默
与人分享
音乐
处理琐事

⑩ 每个人都有一种以上的才能。你擅长以上的哪些事情?把它们列出来,或者把不擅长的写下来。

开始撰写你的使命宣言

鉴于你已经花时间完成了"伟大的发现",在拟订使命宣言的问题上,你已经有了一个良好的开端。我在下面列举了四种帮你撰写自己的使命宣言的简单方法。你也许想尝试其中一种,或者想要个催化地结合所有这四种方法。这些只是建议,所以你可以随心所欲地寻找自己的独特方法。

方法1:搜集名言。在纸上写下你钟爱的1~5条名言,然后,将这些名言概括起来就是你的使命宣言。对有些人来说,名言是非常鼓舞人心的,这种方法对他们很有效。

方法2:随想随写。在15分钟里快速写下你的使命,不要担心自己写下了什么。写的过程中不要修改,只需一路写下去,不要停笔,把你的所有想法都写下来。如果你卡住了,就回想一下自己在"伟大的发现"中的回答,这应该能激发你的想象力。当你把脑子里的所有想法都写下来之后,再花15分钟时间修改和整理,让你随想随写的东西言之成理。

结果,在短短30分钟的时间里你就草拟了自己的使命宣言。然后,在接下来的几周里,你可以改写、增加内容、详细阐述,或者做其他所有能让这份宣言激励你的事情。

方法3:静思。抽出一段空闲时间,比如整个下午,到你喜欢,而且能独处的地方去。深刻思考你的人生,以及你想怎样度过这一生。

方法4:拿来主义。如果你真的很懒,那就把美国陆军的口号"充分发挥你的潜能"作为你的个人使命宣言(嘿,我只是开个玩笑)。

青少年在撰写使命宣言时犯下的一个大错就是:他们花了过

多的时间考虑如何让宣言完美无瑕，以至根本就没有动笔。如果你先写一个不那么完美的草稿，然后再做修改，那要好得多。

另一个容易犯的大错是，青少年想让他们的使命宣言看起来和别人的如出一辙，这是行不通的。使命宣言形式多样，可以是诗歌、歌曲、名言、图画、长篇大论、只言片语、拼贴的杂志图片，并不存在唯一正确的形式。你写使命宣言不是为别人，而是为了你自己。你写它不是为了应付你的语文老师，也不会有任何人给你打分。这是你的机密文件，所以要畅所欲言！你应该向自己提出的最重要的问题是："它是否会激励我？"如果你的回答是肯定的，那你就做到位了。

一旦你写好了，就把它放在你能很容易看到的地方，比如日记本里或者镜子上。或者，你可以加以归纳简化，把它折起来，收在钱包里。然后，经常看一看，能记住就更好了。

以下是另外两个青少年撰写的使命宣言，每一个的风格和篇幅长度都迥然不同，以资借鉴。

惠特尼·诺奇斯卡的使命宣言——

关怀：世界、生活、他人、我自己

爱：我自己、我的家人、我的世界、知识、学习、生活

奋斗：捍卫我的信念、发展我的爱好、有所成就、做好事、忠于自己、抗拒冷漠的态度

岩石：像岩石一样坚韧，主动出击

切记！

下面是凯蒂·霍尔的宣言。很短，但对她来说意味着一切：

竭尽全力。

三个注意事项

当你努力做到"先定目标后有行动",并且拟订个人使命宣言时,注意这些危险的障碍!

注意事项1:不好的绰号。如果别人给你错误地起了绰号,你也许能忍受。但如果你自己也开始相信这些绰号,那可就真的危险了,因为绰号就像个思维定式。你怎么看世界,你也就得到怎样的世界。例如,如果别人给你起绰号说你是懒猪,而且你也开始信以为真,这就很可能最终成为现实。你会下意识地按照绰号行事。然而你只需记住,你和你的绰号并不是一回事。

注意事项2:"全完了"综合征。需要注意的另一个问题是,当你犯了一个或几个错误,对你自己的所作所为感觉很糟糕时,你对自己说:"全完了。我搞砸了。谁还在乎现在会怎样呢?"此时,你往往会开始自暴自弃,对一切都撒手不管了。

我只想说,不会全完了。许多青少年似乎都会经历这样一个时期:他们遭遇了失败,尝试并且做了许多他们不会为之骄傲的事情……几乎像是在试探生活的底线。如果你犯了错误,那是正常的。所有的青少年都犯过错误,所有成年人都犯过错误。只要尽快让头脑恢复清醒,你就没事了。

注意事项3:错误的墙壁。你是否曾经为了实现某个目标而不懈努力,但当你实现这个目标时,却觉得内心空虚?当我们想要更有人缘,或者成为"小集团"的一员时,我们往往会忽视重要得多的东西,比如自尊、真正的友谊和良心的安宁。我们往往忙于爬上成功的阶梯,从未花时间看看梯子是否靠在了正确的墙上。

未能确定目标是个问题,但是,如果确立了导致我们走错方向的目标,可能会带来更大的麻烦。

你怎么知道自己的梯子是否靠在了正确的墙壁上?停下来,马上花点时间问问自己:"我所过的生活是否会把我引上正确的方向?"当你停下来的时候,一定要百分之百地诚实。问问你的良心,听听你内心的声音,它告诉了你什么?

我们在生活中并不总需要180度地调整方向,我们往往只需要做一些小调整。但是,小调整可能会使结果迥然不同。想象一下:如果你想从纽约飞往以色列的特拉维夫,结果却向北调整了1度,那么你就会来到莫斯科,而不是特拉维夫。

努力实现目标

一旦你确定了自己的使命,你就会想确立目标。目标比使命宣言更具体,能帮你把任务分解。如果你的个人使命是吃掉一整张比萨饼,那么你的目标就是如何把饼分成小块。

以下是确立目标的五个关键。

第一个关键:考虑代价

例如,要求你花更多的时间学习数学和语法,减少和朋友闲逛的时间,你有时还要开夜车。如果要花更多的时间学习,你也许就不能再看电视,也不能再看你喜欢的杂志了。

好了,在考虑了代价之后,再想想好处。好成绩会给你带来什么?成就感?上大学的奖学金?好工作?现在,扪心自问:"我愿意作出牺牲吗?"如果不愿意,那就不要这样做。如果你知道

自己将半途而废,那就不要向自己作出承诺,否则你就要从"个人银行账户"中提款。

比较好的办法是缩小目标。不要把提高所有科目的成绩作为目标,可以把目标确定为提高两个科目的成绩。然后,下个学期再另有突破。考虑代价总是会使你的目标变得更加切实可行。

第二个关键:落实到文字

有人说:"如果不落实到文字,目标就只是个愿望。"没有什么可讨价还价的,落实到文字的目标其效力要大上10倍。

第三个关键:做就是了!

我看过一个关于科尔特斯(Cortes)远征墨西哥的故事。1519年,科尔特斯带着500多人,乘坐11艘船只从古巴前往尤卡坦(Yucatan)海岸。在大陆上,他做了其他带队远征的人想都没想过的事:把船只付之一炬。科尔特斯阻断了所有退路,从而让所有人和他自己一心一意投入了这次行动,不成功便成仁。

我听过一个关于上尉和中尉的故事。

"中尉,请帮我'寄封信'好吗?"

"我尽量吧,长官。"

"不行,我不想让你尽量。我想让你帮我'寄封信'。"

"我会做到,不行我就死,长官。"

"中尉,你误会了。我不想让你死,我想让你寄这封信。"

中尉终于明白了,说:"好的,长官。"

（英文中，"寄信"也有"不折不扣服从命令"的意思。——译者注）

一旦我们全心全意要完成一项任务，我们完成任务的力量就会有所增强。文学家、哲学家爱默生（Ralph Waldo Emerson）说过："如果你去做，你就会有力量。"每当我一心要实现某个目标时，我似乎就会发现原以为自己并不具备那样的意志力、技巧和创造力，而下定决心后总会想出办法完成任务。

第四个关键：利用重大时刻

生活中的特定时刻蕴含着动力和力量。关键是利用这些时刻来确立目标。有始有终或者有头有尾的事情会形成动力，例如，新年是一个新开始。

痛苦的经历往往会形成动力。你是否熟悉凤凰涅槃的传说？每当活了500到600年之后，美丽的凤凰就会自焚于火堆中，然后，它会从灰烬中飞起，获得新生。同样，我们可以从痛苦经历的灰烬中获得新生，挫折和悲剧事件往往是变革的起跳板。

学会借助关键时刻的力量，确立目标，并且在你有心情的时候下定决心。同时也要记住，这种心情终将消失。在你不情愿的时候仍然要坚持下来，这才是对你勇气的真正考验。正如有人曾经说过的那样："所谓勇气，就是在做决定的心绪早已消散的情况下仍然贯彻到底的品格。"

第五个关键：用绳索串连起来

我的姐夫是个登山运动员，他曾经陪伴我和一位朋友登上了13776英尺高的大蒂顿山。真吓人！随着我们向上攀登，山变成了直上直下的。就在这个时候，我们"用绳索串连了起来"，也就是在攀登的过程中用绳索绑在一起，如果我们当中的一个人失足滑落，绳子可以救命。曾经有两次，就是靠着这根绳索的保护，我才没有下坠数千英尺摔死。相信我，我以前从来没有那么爱过绳子。通过相互帮助和依靠绳索，我们终于安全登顶。

如果你用绳索做串连，并且借助别人的力量，你在生活中的成就会大得多。

在行动中实现目标

中学二年级的时候，我体重180磅。我的弟弟戴维上一年级，体重居然只有95磅。我们只相差1岁，可我的块头是他的两倍。不过，戴维具有惊人的意志力，为实现目标采取了不可思议的行动。以下就是他的故事。

我永远忘不了自己参加普罗沃高中一年级橄榄球队试训时的情景。我身高5英尺2英寸，体重只有90磅，甚至比人们惯常知道的98磅重的低能儿还要瘦小。我找不到合身的橄榄球装备，那些都太大了。他们发给我最小的头盔，但为了贴合我的脑袋，头盔两边还要各衬三个耳垫，我看上去就像一只头顶气球的蚊子。

我那时很害怕橄榄球练习，当我们和二年级学生练习正面阻挡的时候，我尤其吓得不行。我们面对面站成两排，相距大约10码，一边是一年级球员，一边是二年级球员。教练吹哨后，我们就开始撞击对手，直到教练再次吹哨为止。

我会数数我这一排的球员人数，算算什么时候轮到我，然后数数二年级的球员人数，看看谁会得到让我四处乱飞的美差。我最终遇到的对手似乎总是块头最大、心眼最坏的二年级球员。我经常想："我死定了。"我会拉开架势站好，等着哨响，转眼间就倒着飞了出去。

那年冬天，我在摔跤队98磅组试训。尽管我大吃了一顿之后全副武装地称重，但仍然达不到98磅。其实，我是队伍中唯一一个不必为摔跤而减轻体重的选手。我的哥哥认为我会是个出色的摔跤手，因为摔跤和橄榄球不同，可以让我与体重相当的人展开较量。但是，长话短说，我在几乎每场比赛中都以失败告终。

春季，我开始练径赛运动。可真是倒霉，我是队伍里速度最慢的选手之一。这也不足为奇——你该看看我那两条像铅笔一样纤细的腿。

一天，在径赛训练结束后，我再也受不了了。我对自己说："到此为止吧，我受够了。"那天晚上，我独自待在自己的房间里，写下了想要在中学期间实现的一些目标。为了在体育方面取得成功，我知道自己必须强健身体，所以我就先确立了这些方面的目标。我的目标是，到了上毕业班时，我要达到6英尺高，180磅重，能推举250磅重的杠铃。在橄榄球方面，我的目标是成为校橄榄球队的首发边接应球员。在径赛运动方面，我的目标是成为全州拔尖的短跑运动员。我还希望自己能成为橄榄球队和径赛队的队长。

你是否会说，美梦真不少？不过，当时我是在面对现实，90磅体重等等所有现实。从一年级到毕业班，我一直坚持实施着自己的计划。

让我说明一下。作为增重行动的一部分，我定下的规矩是，永远不要让肚子有空着的时候。所以，我总在吃东西。每天吃8顿，早饭、午饭和晚饭只是其中3顿而已。我和普罗沃中学校队的首发中后卫卡里达成了一项秘密协议。卡里身高6英尺3英寸，体重235

磅。他向我保证,如果我辅导他完成代数作业,他就让我每天和他一起吃午饭。这既是为了增重,也是为了寻求保护。

我下定决心要吃得像他一样多,所以每天吃午饭时,我都会买2份午饭、3杯牛奶和4个面包卷。我们坐在一起的样子肯定很滑稽!除了午饭之外,我还带着"速增重"蛋白粉。我把这种恶心的粉末拌在每杯牛奶里。每次喝下去的时候,我都几乎要呕吐了。

二年级的时候,我开始和好朋友埃迪一起努力,他也想变成一个大个子。他在我的食物清单中又增加了另一项要求:每天晚上睡觉前,吃10茶匙的纯花生酱,再喝3杯牛奶。我们要求自己每周增加2磅。如果我们在正式称重的那一天没有"增加体重",我们就必须又吃又喝,直到增加了体重为止。

我妈看了一篇文章。文章说,如果小孩每晚在全黑的房间里睡10个小时,每天多喝两三杯牛奶,那么身高就会比正常情况下多增加1~2英寸。我对此深信不疑,严格加以执行。无论如何,我要达到身高6英尺的目标,而我爸的身高只有5英尺10英寸,这对我可不是什么有利条件。我说:"爸,我想要咱们家最黑的那个房间。"我如愿以偿了。然后,我把毛巾塞在门缝里,挂在窗户上,一点儿光线都别想照到我!

接着,我定了个就寝时间表:我晚上大约8点45分上床,早上大约7点15分起床,这保证我每天能有10.5个小时的睡眠。最后,我还灌下了我能喝进去的所有牛奶。

我还开始举重、跑步、接橄榄球。每天,我至少要锻炼2小时。当埃迪和我在举重室里锻炼时,我们都会试试XL号的上衣,希望我们有朝一日能穿着正合适。起初,我只能举起75磅的重量,除了杠铃杆之外就没什么了。

随着时间一个月一个月地过去，我开始看到成果了。小小的成果，缓慢出现的成果，但确实是成果。上二年级时，我的身高是5英尺5英寸，体重大约为120磅。我高了3英寸，长了30磅，我比过去健壮多了。

有时候，我觉得自己是孤身一人与整个世界对抗。我尤其讨厌别人问我："你怎么这么皮包骨头的？你就不能多吃点儿？"我真想回敬一句："你这个白痴。你知道我在付出什么代价吗？"

上三年级时，我身高5英尺8英寸，体重145磅。我继续实施增重计划——跑步、举重、技巧训练。在径赛训练中，我的目标是永远不要漫不经心，每次短跑都要认真对待。我从未错过一次训练，即使生病时也不例外。然后，我的牺牲突然之间得到了回报。我真的变成了大个子，长个儿的速度也快极了。事实上，我长得太快了，胸前出现了白纹，就像被熊抓过似的。

到了从普罗沃高中毕业的那一年，我已经实现了身高达到6英尺的目标，体重距离180磅的目标只差5磅。我成为了校队的首发边接应队员，还当选为队长。

那一年，我在径赛方面得到的回报甚至更为丰厚。我再次当选为队长，成为了队里速度最快的短跑选手，也是全州速度最快的短跑选手之一。

那一年的年底，我体重180磅，能推举重量为255磅的杠铃，毕业班的女生称我为"最健美先生"。我对这个称呼是再喜爱不过了。

我做到了！我真的做到了！我实现了数年前的那天晚上在房间里确立的大多数目标。真的，正如拿破仑所写的那样："一个人的头脑能想到和相信什么,他的双手就能获得什么。"

变劣势为优势

注意戴维是如何利用确立目标的五个关键的。他考虑了代价,他把目标落实到文字,他和朋友埃迪以及其他人拧成一股绳儿,他在重要时刻(当他不愿再当个废物的时候)确立了自己的目标,他具有"做就是了"的韧劲。当然,我并不提倡以体格为中心,就像戴维一度坚持的那样。我不能向你保证,只要意志坚强,你就能长得更高。我只想让你知道,目标能在你的生活中发挥多么重大的作用。

当戴维给我讲述他的故事时,我们会清楚地知道,当个90磅重的废物也许看似坏事,其实却会让人得福。他的明显弱点(骨瘦如柴)其实变成了他的优势(迫使他磨炼自己并加以坚持)。那些缺少自己所渴望的与生俱来的生理、社会或精神优势的人必须要付出更多的努力。这种逆水行舟的努力可能会造就他们通过其他任何方式都无法形成的素质和优势。劣势就这样变成了优势。

既然你的命运尚未确定,为什么不让它超乎寻常,永载史册呢?

当你这样做的时候,记住,生活是使命,而不是谋生之道。谋生之道是职业,使命是事业。谋生之道会问:"我能得到什么?"使命会说:"我怎样才能让局面有所改观?"马丁·路德·金(Martin Luther King Jr.)的使命是保障所有人的民权,甘地(Gandhi)的使命是解放3亿印度人,特蕾莎修女(Mother Teresa)的使命是让赤身裸体的人有衣穿,让食不果腹的人有饭吃。

这些都是比较极端的例子,未必只有改变世界的人才能肩负使命。正如教育家马伦·穆里森(Maren Mouritsen)所说的那样:"我们当中的大多数人永远都不会成就大事,但是,我们可以用了不起的方式来完成小事。"

● 幼童学步 ●

1. 确定你在事业上取得成功所需要的三种最为重要的技巧。你是否需要更加有条不紊、更加自信地在其他人面前侃侃而谈？是否需要强化自己的写作技巧？

我在事业上需要的三种最为重要的技巧：_____

2. 每天回顾自己的使命宣言，持续30天（需要这么长的时间才能形成习惯），让它引导你作出所有的决定。

3. 照照镜子，问自己："我是否想和一个像我这样的人结婚？"如果不想，那就努力培养你所缺乏的品质。

4. 去找学校的指导老师或者就业顾问，谈谈就业的机遇。接受才能测试，这将有助于你对自己的才能和兴趣爱好加以评估。

5. 就目前而言，你在生活中面临的关键十字路口是什么？从长期看，最佳道路是哪一条？

我所面临的关键十字路口：_____

最佳道路：_____

6. 复印"伟大的发现"，然后带一个朋友或家庭成员逐项完成。

7. 想想你的目标。你是否已经动笔把它们落实到文字？如果没有，就抽出时间加以完成。记住，如果不落实到文字，目标就只是个愿望。

8. 找出一个别人给你起的不好听的绰号，想想你可以做哪些事情来改变这个绰号。

不好听的绰号：_____

如何加以改变：_____

第六章
习惯三：重要的事情要先做

抑制力和意志力

> 我在看"印第安那波里斯500赛车"时心想，如果他们早点儿出发，就用不着开那么快了。
>
> ——喜剧演员史蒂文·赖特（Steven Wright）

我正在听演讲录音，演讲者开始比较当今青少年面临的挑战和150年前青少年面临的挑战。我兴致盎然地听着。我赞同他所说的大部分内容，除了下面这句话："150年前的青少年面临的挑战是艰苦的工作，当今青少年所面临的挑战是缺少艰苦的工作。"

什么？！缺少艰苦的工作？你胡扯什么？我觉得当今的青少

年比以往任何时候都更忙碌，工作也更辛苦。我每天都亲眼看到这个事实。他们奔忙于学校、课外活动、运动队、俱乐部、学生会、体育活动、打工之间，还要帮助照顾弟弟妹妹，连喘气的时间都快没有了。缺少艰苦的工作？哈！给牛挤奶和修补栅栏并不比现代青少年全力应付内容多样的生活更困难。

习惯三——重要的事情要先做——会对你有所帮助，也就是说，你要确定优先次序，然后安排自己的时间，这样就能把最要紧的事情最先完成，而不是拖到最后。但是，这个习惯并不仅仅是安排时间的问题。重要的事情要先做，你还要学会克服恐惧感，在艰难的时刻保持坚强。

在习惯二中，你确定了哪些事情最重要。接着，习惯三就是把这些事情放在生活中的首要位置。

我们当然可以制定详细清单以列举目标和良好打算，但困难在于付诸行动，把它们置于首要位置。所以我说习惯三是关于意志力（敢于对最重要的事情说"是"）和抑制力（敢于对不太重要的事情和同伴的压力说"不"）的习惯。

前三个习惯，一个建立在另一个之上。习惯一是，"你是司机，而不是乘客"。习惯二是，"确定目的地，然后画出通往目的地的路线图。"习惯三是，"抵达目的地，别让障碍挡住你的去路！"

让生活包含更多的内容

装行李箱的时候，你是否曾注意到，如果你把衣服叠得整整齐齐，放得妥妥当当，会比你把衣服胡乱塞在箱子里的时候装下更多的东西？这真是令人惊讶。

我想向你展示一种惊人的模式，这种模式名叫"时间象限"，它能帮助你收纳更多的东西（尤其是重要的东西），它是由两种主要因素构成的："重要"和"紧迫"。

重要——你最重要的事情，你的当务之急，帮助你完成使命和实现目标的活动。

紧迫——紧急的事情，迫在眉睫的事情，需要马上予以关注的活动。

总的来说，我们把时间花在了四个不同的时间象限（如下图所示）。每个象限包含着不同种类的活动，以某种特定类型的人为代表。

	紧迫	不紧迫
重要	1. 拖拉的人 ◎ 明天有考试 ◎ 朋友受伤 ◎ 上班迟到 ◎ 今天该完成的作业 ◎ 汽车抛锚	2. 轻重缓急分明的人 ◎ 制定计划，确立目标 ◎ 一周后该交的论文 ◎ 锻炼 ◎ 恋爱 ◎ 消遣娱乐
不重要	3. 唯唯诺诺的人 ◎ 不重要的电话 ◎ 干扰 ◎ 其他人的小问题 ◎ 同伴的压力	4. 懒散的人 ◎ 电视看得太多 ◎ 玩起电脑游戏就没够 ◎ 没完没了地逛商场 ◎ 浪费时间

第一象限：拖拉的人

我们从第一象限开始——事情既紧迫又重要。第一象限总是存在一些我们无法控制又必须完成的事情，比如我们拖着不复习功课，然后为了应付考试而花整晚的时间死记硬背，或者赶在最后期限之前完成重要的工作。如果你在第一象限投入了太多的时间,那么请相信我,你会"整天迫于压力",极少能发挥自己的潜力。

有一个拖拖拉拉的青少年如是说:

我的做法就是:在期末之前始终懒懒散散,最后的两个星期却累得要死。分数发下来的时候,我往往能得3.7分或者3.8分,但我觉得自己不配得这个分数,因为别人都按时交作业,该干什么就干什么。他们并不紧张。我也想那样。

在第一象限投入过多时间的结果:

◎ 紧张而焦虑

◎ 筋疲力尽

◎ 表现平平

第二象限:轻重缓急分明的人

我们把这最好的情况留到最后再说。

第三象限:唯唯诺诺的人

第三象限代表了那些紧迫但并不重要的事情。认识一下第三象限中的唯唯诺诺的人,他真是无法拒绝任何事或者任何人。他竭力想讨好所有人,最终却往往让所有人都不高兴,其中包括他自己。他经常屈从于同伴的压力,因为他希望自己有人缘,不想受到孤立。他的座右铭是:"明天,我会变得更加坚定——如果你同意的话。"

一天晚上,他的朋友意外来访,要他一起出去兜风到天亮,他就是没有足够的勇气回绝他们,他不想让伙伴们失望。明天上午有一次重要的考试,他需要温习功课,好好休息,但这都无关紧要了。

尽管他告诉妹妹,他会给她辅导数学,但在晚上的大部分时间,他还是忍不住打了个紧急电话,而这个电话其实并不那么重要。

他并不真的想参加游泳队,他更喜欢艺术。但是,他的父亲是个游泳健将,当然,他不想让父亲失望。

我想,我们所有人(包括我自己)的内心都有点第三象限的倾向。但是,如果我们对所有事情都唯唯诺诺,总也学不会把注意力放在重要的事情上,我们就很难有所成就。

在第三象限投入过多时间的结果:

◎ 以"讨好者"闻名

◎ 缺乏原则

◎ 感觉就像任人踩踏的门垫

第四象限:懒散的人

第四象限就是浪费时间和没有节制的类别。这些活动既不紧迫,也不重要。

认识一下懒散的人,他待在第四象限里无所事事。他干什么都没有节制,喜欢看起电视没个完,睡觉没个完,玩电脑游戏没个完,上网没个完。

生活在第四象限的结果:

◎ 缺乏责任感

◎ 罪恶

◎ 古怪

第二象限:轻重缓急分明的人

现在回到第二象限。第二象限是由重要但不紧迫的事情构成的,比如消遣娱乐、建立友谊、锻炼身体、预先规划、按时温习功课……这是个绝佳的象限——我们希望身处其中的象限。第二象限的活动很重要,但第二象限的活动紧迫吗?不!正因为如此,我们才难以开展这些活动。例如,对你而言,找到一份合适的夏季工作也许十分重要。但是,离夏天还有好几个星期,所以并不紧迫,你也许会一拖再拖地不去找工作,直到为时已晚,所有的好工作突然之间都招满人了。如果你处在第二象限,你就会预先进行规划,找到一份更好的工作,这不会占去更多的时间,只需多一点规划。

认识一下轻重缓急分明的人。尽管他并不完美,但他基本够得上沉着冷静。他会审视自己需要做的所有事情,然后分出轻重缓急,确保最重要的事情最先完成,最不重要的事情最后完成。由于

他有一个简单但重要的习惯——预先规划，因此他做一切都驾轻就熟。他按时复习功课，提前动笔写论文，他工作出色，而且避免了临阵磨枪带来的紧张和精疲力竭。他抽时间锻炼身体和恢复精力，即使需要把其他事情放在一边也在所不惜。

他学会了如何微笑着拒绝别人。一天晚上，他的朋友意外来访，请他去参加晚会，他说："不，谢谢。我明天有个重要的考试。不过，星期五晚上怎么样？到时候咱们一块儿去吧。"他的朋友表示同意，并且暗暗希望自己也有说"不"的勇气。他明白，如果拒绝同伴的要求，最初会显得没有人缘，但人们最终会为此而尊重他。

生活在第二象限的结果：

◎ 把握自己的生活

◎ 平衡

◎ 表现出众

准备一本效率手册

首先，我大力推荐使用各种形式的效率手册。手册上有日历，还有空白的地方可以记下约会、作业、要做的事情和目标。如果你愿意，你甚至可以用活页本制作自己的效率手册。

其他人也许会想："我不想把生活拴在效率手册上，我喜欢自由。"如果你这样想，其实大可不必，效率手册并不是要束缚你，而是要解放你。有了效率手册，你就不必担心忘事或者活动安排撞期了。它会提醒你什么时候需要交论文，什么时候要考试。你可以把所有重要的信息（比如电话号码、网址、出生日期）记在一起，而不是写在一大堆散碎的纸上。效率手册并不是你的主人，而是帮助你生活的工具。

每周制定计划

每周抽出15分钟时间，制定这一周的计划，看看它会带来什么样的改观。为什么每周制定计划？因为我们按周考虑问题，如果每天制定计划，目标就太小，如果每月做计划，重点又太过宽泛。一旦你拥有了效率手册，请在每周制定计划时遵循以下三个步骤。

第一步：确定你的大任务。

在每周结束或开始时坐下来，想想你在接下来的一周里要完成哪些工作。问问自己："本周我要做的最重要的事情有哪些？"我把这些事情叫作你的大任务。它们就像是小目标，应该与你的使命宣言和长远目标联系在一起。你会毫不惊讶地发现，它们大多属于第二象限。

你最终可能会列出像下面这样的大任务：

◎ 准备科学考试

◎ 把书看完

◎ 到球场观看球赛

◎ 把求职申请写完

◎ 参加伊萨贝拉家的晚会

◎ 锻炼三次

确认大任务的另一种方法就是逐一考虑你在生活中的关键职责。比如你作为学生、朋友、家庭成员、职工、个人，以及你从事其他所有工作的职责。然后，就你的每项职责确定你想完成的最为重要的一两件事，根据你的职责来规划生活将有助于你的生活保持平衡。

当你确认本周的大任务时，要有重点，不要没头没脑地让自己埋没其中。尽管你也许觉得自己必须完成40项大任务，但要注重实际，把自己的注意力集中在最多10~15件事上。

第二步：留出完成大任务的时间。

你是否看过大石头实验？找一个桶，里面装上半桶小鹅卵石。然后，你试着往桶里装几块大石头，放在鹅卵石的上面。但是，根本放不好。于是，你把桶倒空，从头开始。这一次，你先把大石头装到桶里，然后再装鹅卵石。这回放得都很合适！不同之处在于把大石头和鹅卵石放进桶里的先后次序。如果你先放进鹅卵石，大石头就放不好。但是，如果你先把大石头放进去，那么大石头和鹅卵石就都能放得妥当。大石头就是你最重要的事情。鹅卵石则是占据了你的时间的所有日常琐事，比如家务、为打发时间而安排的工作、电话和干扰。这个实验的寓意是，如果你不先为大任务安排好时间，这些任务就完不成。

在每周做计划时，先把大任务记在效率手册里，从而留出完成这些任务的时间。例如，你可能觉得，开始动笔写历史报告的最佳时间是星期二晚上，给祖母打电话的最佳时间是星期天下午。现在，把这些时间留出来，就像预约一样。如果你的大任务（比如"本周每天说3句夸奖别人的话"）并不需要用特定的时间来完成，就把它写在效率手册里某个容易看见的地方。

第三步：规划其他所有事情。

一旦你把大任务安排好，就可以见缝插针地安排其他所有小事、日常工作和约会了，鹅卵石就该放在这里。你也许还想提前看看日历，记录将来的事件和活动，比如休假、听音乐会或者过生日。

日常调整

完成每周计划后，每天根据需要加以调整。你也许要时不时地重新安排一些大任务和小事，尽量按计划行事，但是，如果你没有完成自己计划中的所有任务，也没有什么。即使你只完成了1/3的大任务，也已经比你在没有预先规划的情况下多完成了1/3。

如果这种每周规划的方法显得太死板或者太复杂了，也不要勉强凑数，只需制订轻松的每周计划就可以了。例如，你也许发现自己本周只想完成两三个大任务，那就这样好了。

关键在于：只需每周提前规划，就能帮助你集中关注大任务，从而多完成许多工作。

真的奏效吗

这种安排时间的方法真的奏效吗？当然。我本人曾经读过许多青少年的来信。他们在采纳上述建议后取得了巨大成功。以下是两个青少年的看法。他们理解了时间象限的概念，并且开始使用效率手册，每周制订计划。

雅各布：

我记得自己看着时间象限的图表说："好家伙，真是这样，我有很多事情就是赶在最后1分钟完成的。"比如作业。如果该交论文了，我就会赶在星期天晚上写完，以便星期一交上去。如果星期五有考试，我星期四就会旷课，为考试做准备。我经常陷入危机。

当我发现了哪些是重要的事情之后，我就开始分出轻重缓急，并且开始使用效率手册。如果我想去钓鱼，我会说："哦，另外这件事更重要，我得先把这件事做完，这样一来，也许我明天整天就都可以钓鱼了。"最终，我的学习效率提高了，在考试中取得了好成绩，所有事情都变得井井有条了。如果我早先能更有效地利用时间，我的生活就不会那么紧张了。

布鲁克：

我的压力减轻了，因为我不必时常提前几天就努力记住自己该做些什么了。如今，我只需把时间表拿出来，一切就都妥妥当当了。当我情绪不佳和感到压力时，我看看自己的时间安排就会意识到，我还有时间完成所有事情，尤其是那些适合我的事情。

少数无法循环利用的事物之一就是浪费掉的时间，所以，一定要珍惜每时每刻。英国女王伊丽莎白一世临终前说："我愿意用自己的所有财富换取一点时间。"

克服来自同伴的压力和恐惧感

安排时间并非习惯三的所有内容，它只是一半，另一半就是学会如何消除恐惧感和面对来自同伴的压力。在面临压力的情况下，坚持自己认为最重要的事情（比如价值观和标准）是需要勇气和毅力的。我曾经问过一些年轻人："你们认为什么最重要？"他们的回答包括"家庭"、"朋友"、"自由"、"刺激"、"成长"、"信任"、"上帝"、"稳定"、"归属感"和"外貌"。我接着又问："是什么妨碍了你们把这些东西放在生活中的首要位置？"毫不奇怪，最常见的两个回答是"恐惧感"和"同伴的压力"。下面，我们来谈谈如何解决这些问题。

舒适区和勇气区

重要的事情最先完成是需要勇气的，往往会使你跨越到舒适区以外。看看下页勇气区和舒适区的图表。

你的舒适区代表了你熟悉的东西、你了解的地方、你自在交往的朋友、你喜欢的活动。你的舒适区是没有危险的，这里很轻松，这里不需要你全力以赴，在这些界限内，我们感到安全而稳定。

另一方面，结交新朋友、在众人面前讲话或者恪守自己的价值观则会让你毛骨悚然。欢迎来到勇气区！这里有冒险活动、风险和挑战！在这里，等待着我们的是意外、压力、变革和失败的可能性。但是，这里还存在机遇，也是唯一能让你发挥全部潜力

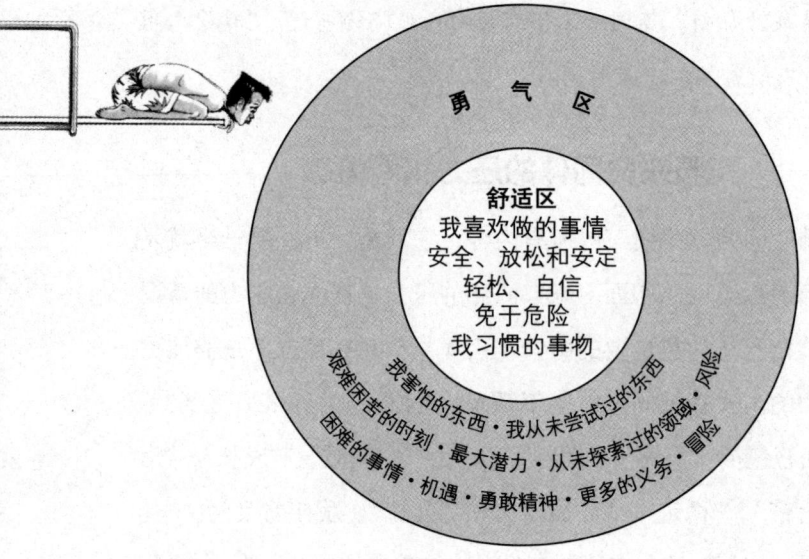

的地方。如果总是待在舒适区，你就永远做不到这一点，这是肯定的。

记住，毫无危险的生活所构成的危险是最大的危险。

在艰难时刻保持坚强

面临恐惧采取行动谈何容易，但你过后总会高兴自己这样做了。

上大学四年级的时候，我还差几个学分，所以我扫了一遍课程表，想找一门课来填满学时。当我看到声乐课当中有"单独声乐辅导"时，我想："为什么不跨出舒适区试试看呢？"

我特意选了单独辅导，而不是班级辅导，因为我不想在其他学生面前唱歌，那样显得自己傻乎乎的。

一切都很顺利，然而，到了学期结束时，我的声乐教师带来了一个惊人的消息："顺便问一句，肖恩，你决定给其他同学唱什么歌了吗？"

我惊恐万状地问："什么意思？"

"噢，课程要求中说，你至少要给其他上单独声乐辅导课的学生演唱一次。"

我强调说："这可不太好。"

"哦，没什么大不了的。你没问题。"

唉，对我来说这可是个大问题。只要想到在一群人面前唱歌，我就感到浑身难受。我想："我怎么才能躲过去呢？"但是，我不能让自己这么做，因为在过去的1年里，我向不同的群体发表演讲，建议他们永远不要让恐惧感为他们做决定。如今……轮到我了。

我不断在脑子里重复着："勇敢点，肖恩，你至少要试试看。"

可怕的一天终于到了。当我走进"行刑室"（我就要在这里进行首次表演）时，我不断地试图说服自己："镇静点，肖恩，没那么糟糕。"

但是，情况越来越糟。我发现屋子里的所有人几乎都是音乐或戏剧专业的学生，于是越发胆怯了。我的意思是，这些人是真正会唱歌的，他们从小就参加音乐剧和合唱演出。当第一个被点名的学生演唱了歌剧《悲惨世界》中的歌曲后，我更害怕了，因为他唱得比原版的百老汇音乐剧还要好，这家伙真了不得。不过，班里的人还是给他挑了毛病，有人说："我觉得你的声调有点平。""哦，不！他们会怎么看我呢？"

"肖恩，该你了。"

现在轮到我了。

勇气区

当我站在全班面前时，距离舒适区已经300万光年了，我不停地对自己说:"勇敢点!我真不敢相信自己在当众表演。勇敢点!我真不敢相信自己在当众表演。"

我哆哆嗦嗦地说:"我演唱的曲目是《窈窕淑女》选曲——《在你居住的街道上》。"

随着伴奏者开始演奏前奏,所有目光都集中到了我身上,我禁不住想:"怎么回事?我怎么落到了这个境地?"从每个人脸上的微笑看,他们似乎真要把我当回事了。

我唱道:"我经常走过你居住的街道……"

我还没唱到第二行,学生们脸上的兴奋表情就变成了痛苦。我紧张得要命,觉得全身绷得就像刚从甩干机里拽出来的牛仔裤,每个字都是挤出来的。

歌快唱完的时候有个很高的高音,即使在练习的时候,我也很难达到这个高音。这时,我恐惧地等待着。但是,快唱到这个音的时候,我想:"见鬼,冒个险吧!"

我不记得自己是否达到了这个高音。我只记得,有几个学生窘极了,尽管他们鼓足了勇气,但仍然无法再直视我。

我唱完之后赶快坐了下来。一片寂静,谁都不知道该说什么。

"棒极了,肖恩。"

我耸耸肩道声"谢谢",就好像我真相信似的。可是,你知道吗?尽管这段经历险些要了我的命,但当我离开那个

面临恐惧采取行动

房间,独自穿过空荡荡的停车场走向自己的汽车时,我真为自己感到骄傲,我产生了强烈的成就感。说实话,我根本不在乎别人对我的高音有何看法。我熬过来了,我为此而自豪。正如登上珠穆朗玛峰的第一人埃德蒙·希拉里(Edmund Hillary)所说的那样:"我们征服的不是高山,而是我们自己。"

获胜意味着每次跌倒都要爬起来

以下是一位男子的生平大事。他曾多次失败,但总是不屈不挠。看看你能否猜出这是谁。此人:

◎ 22岁经商失败

◎ 23岁竞选州议员失败

◎ 25岁经商失败

◎ 26岁恋人去世

◎ 27岁精神崩溃

◎ 29岁竞选州议长失败

◎ 34岁争取国会提名失败

◎ 37岁进入国会

◎ 39岁失去再次竞选议员的提名

◎ 46岁竞选参议员失败

◎ 47岁竞选美国副总统失败

◎ 49岁竞选参议员失败

这个人就是亚伯拉罕·林肯,他在51岁时当选为美国总统。每次跌倒,他都会爬起来,最终实现了自己的目标,得到了所有国家和所有人民的尊重和敬仰。

克服来自同伴的压力

面对同伴的压力时，会出现最艰难的时刻。当所有朋友都点头称是的时候，说"不"是需要巨大勇气的。不过，抗拒同伴的压力就是我所说的"抑制力"，这会使你的"个人银行账户"中增加一大笔存款。

一位中学的辅导老师讲了这样一件事：

上课前，一年级的一个女孩流着眼泪冲进了我的办公室，"她们恨我！她们恨我！"

她刚刚被自己的一伙朋友抛弃了。她们要她滚开，因为她前一天"太模范了"，没有逃学坐车到芝加哥去。她说她起初是想去的，但后来又想到，如果学校打电话告诉妈妈，说她的女儿没有上学，妈妈会多么伤心。她觉得自己不能这样对待妈妈，因为妈妈为她作出了那么多的牺牲。她不能让妈妈失望！

她站起身来说："不，我不能这么做。"所有人就不高兴了。她以为到了第二天就没事了，但并非如此——她们都要她去找新朋友，因为她太模范了，不该跟她们混在一起。

经历了眼泪和痛苦之后，她开始意识到，她的内心感觉良好，只是很孤独，因为朋友们不接受她了。不过，尽管被外界所抛弃，但她接受了自己，获得了自尊，感到问心无愧。这是人生中的重要一课，也是她勇于坚持自身原则的时刻。

为什么同伴的压力如此难以抗拒？因

为你迫切想有一种归属感。

如果你发现自己想要坚持自己的原则，结果却不断屈从于同伴的压力，那么你可以做以下两件事。

首先，充实你的个人银行账户。向你自己作出承诺，并且信守这个承诺；帮助需要帮助的人；开发一种才能，让自己得到恢复和更新。最终，你会有足够的力量去开拓自己的道路，而不是跟随别人的脚印（你也许想重新看看关于"个人银行账户"的那一章）。

其次，撰写你的使命宣言，确立目标。如果你知道自己认同什么目标，那么说"不"就会容易得多。例如，如果你认同取得好成绩和上大学的目标，那么拒绝旷课就容易得多（你也许想重新看看关于习惯二的那一章——先定目标后有行动）。

成功的普遍要素

最后，先完成重要的事情需要原则，安排时间需要原则，克服恐惧感需要原则，在艰难的时刻保持坚强以及抗拒同伴的压力需要原则。

所有成功人士都有这样一个习惯：他们做着失败者不愿做的事情，他们也未必喜欢做这些事情。但是，与好恶相比，他们更看重实现目标的重要性。

换言之，无论愿意与否，你有时必须动用特殊的人性工具——意志力来完成一些事情。你以为举办音乐会的钢琴家总是陶醉于每天数小时的练习吗？下定决心要自力更生上完大学的人喜欢课外打工吗？

我记得自己看过一个故事。故事的主人公是一位全美大学摔跤冠军。有人问他，他在职业生涯中最难忘的是哪一天。他回答说，最难忘的是临时取消训练的那一天。他讨厌训练，但为了更远大的目标——发挥自己的最佳水平，他愿意忍受这一切。

最后的叮咛

围绕7个习惯，我们对数千人进行了调查。猜猜哪个习惯最难践行？你猜得不错！就是习惯三。

如果你不知道从哪里着手把习惯三付诸实践，就看看幼童学步，它们将帮助你起步。

● 幼童学步 ●

1. 确立目标：连续30天使用效率手册，坚持实施计划。

2. 反思你把绝大部分时间浪费在了什么地方。你真的需要花两个小时打电话、上网或者收看那部重播的情景喜剧吗？

我最浪费时间的地方：_____

3. 你是个"讨好者"，对所有事和所有人都唯唯诺诺吗？如果是，那么从今天开始，在正确的时候要有勇气说"不"。

4. 如果你1周后有一次重要的考试，不要拖拖拉拉，等到前一天才开始温习。别浪费时间了，每天复习一点。

5. 想出一件你长期拖延，但对你非常重要的事，本周留出时间完成这件事情。

我一直拖延的事情：_____

6. 列出你在今后1周中最重要的10项大任务。现在，在你的时间表里留出时间完成这些任务。

7. 找出一种妨碍你实现目标的恐惧感。现在就下决心跳出你的舒适区，不要再让这种恐惧感战胜你。

妨碍我的恐惧感：_____

8. 同伴的压力对你有多大影响？找出对你影响最大的某个人或某些人。问问自己："我做的事情是我自己想做的，还是他们想要我做的？"

对我影响最大的人：_____

第三部分

公众领域
中的成功

生活的组成要素

你在情感关系方面做得怎样？你是怎样对待最重要的情感关系的？如果必须对你的这一表现打分，你会有怎样的成绩呢？

与……的关系	得分				
与朋友的关系	1	2	3	4	5
与兄弟姐妹的关系	1	2	3	4	5
与父母监护人的关系	1	2	3	4	5
与女友/男友的关系	1	2	3	4	5
与老师的关系	1	2	3	4	5

在"个人的成功"部分，我们了解了个人银行账户和习惯一、

二、三。在"公众领域中的成功"部分,我们将学习情感关系账户和习惯四、五、六。正如我们已经说过的,处理好情感关系的关键首先是完善自我,至少是一定程度地完善自我。你不一定要做得完美无缺,你只需要不断取得进步。

为什么控制好自我对于成功地与别人相处那么重要?因为任何关系中最重要的是"你是什么"。正如爱默生所说,"你那么扯着嗓子朝我叫嚷害得我什么都听不清,你以为你是什么?"如果你正在试图建立良好的情感关系,大概你从自身就可以找到答案。

"个人的成功"部分会教你变得独立,以至于你可以说:"我会对自己负责,我能够创造自己的未来。"这是一个很大的成绩。"公众领域中的成功"会教你与他人相互依存,也就是帮你与其他人和睦相处,最终你可以说:"我是一个会与人默契合作的人,我会对人们产生影响。"这是一个更了不起的成就。总之,你与人相处的能力在很大程度上决定着你的事业是否成功,以及个人生活是否幸福。

现在再谈谈情感关系。让我们用一个实际的方法来想想情感关系问题,我称情感关系为"情感关系账户"。在前面的章节我们讲了"个人银行账户",它代表你对自己的信任和信心程度。同样的,"情感关系账户"体现着你对亲友的信心和信任程度。

情感关系账户很像银行存款账户。你可以存款(感情投资)来改善你的情感关系,或者提款来损耗你的情感关系。牢固和健康的情感关系是长期不断的感情投资的结果。

尽管情感关系账户同银行存款账户有相似之处,但是它们也有三个不同之处。

1. 你可能把钱存在银行里的一两个账户里，而你同你认识的所有人都有情感关系，也就是说，你有很多情感关系账户。设想一下，你在街上偶然与一位年轻人相遇。你微笑着跟他打招呼，那你就新开了一个关系账户。如果你与他相遇却视而不见，那你同样开了一个账户，不过，是"负账"而已。情况就是这样。

2. 同银行账户不一样，一旦你同别人建立了关系账户，你就永远无法结账。这就是为什么与多年不见的朋友突然相逢，会像从前一样亲切，感情没有一丝淡化。同样，这也是有的人积怨多年的原因。

3. 在银行账户里，10美元就是10美元。在情感关系账户里，存款往往会膨胀，而提款会造成亏空。这就是说，你需要不断地对自己的一些最重要的关系进行感情投资，经常向这种关系账户里储存感情，这样才能保持和发展这些关系。

那么，如何才能建立良好的关系或修复破裂的关系呢？这很简单，要不断地进行感情投资，消除误解，消弭隔阂，维系情感，珍惜情义。

存款	提款
信守诺言	违背诺言
从小事做起友善相待	封闭自我
对人忠诚	散布谣言、辜负信任
善于倾听	不愿倾听
勇于承认错误	傲慢无礼
给出明确的期望	给出错误的期望

我曾经问几个青少年这样一个问题："在你的情感关系中，最

重要的是什么？"他们提供了下面几种回答：

◎"家人的不断支持。"

◎"朋友、老师、心上人或上司的一句问候，譬如'你好帅'或'你太棒了'。仅仅几个字，效果却非同一般。"

◎"朋友为我过生日。"

◎"向别人夸耀我。"

◎"我犯错后，他们原谅我、帮助我、爱我。"

◎"听完我写的诗，朋友对我说我太棒了，说我应该写书。"

◎"早晨正出门上学，妈妈和姐姐从加利福尼亚打来电话，祝我生日快乐。"

◎"哥哥总是带我去和他的朋友们一起打曲棍球。"

◎"点点滴滴。"

◎"我有四个好哥们儿，我们愿意凑在一起，希望大家都很好，很开心，就是这样。"

◎"每当克里斯说：'嗨，你好，利安！'我就感觉异常振奋。"

◎"我的一个朋友说，他认为我很诚实，不做作，这意味着别人都会承认这一点。"

信守诺言

信守诺言对于建立相互信任至关重要，你必须说到做到。如果你对妈妈说你会在晚上11点前回家，或者说你今晚做饭，那么你就要信守诺言，那相当于向你的账户里"存款"。你要谨慎许诺，一旦许诺就要尽力信守诺言。如果你发现自己因某种特殊原因（有这种情况）无法兑现诺言，那么一定要向对方讲清理由。"妹妹，真对不起，我今晚不能去看你的演出。我没想到有个辩论会，但是明天我一定去。"如果你是真诚的，而且尽力守信，一旦遇到特殊情况，人们会理解你的。

如果你与父母的情感关系账户不佳，你要在父母面前履行承诺，因为如果得到父母的信任，一切都会变得轻松愉快。

从小事做起友善相待

你不必刻意地四处找机会帮助别人。一个学过"情感关系账户"课程的年轻人小李讲了这样一件事。

我是大学的学生会主席，我决定尝试一下我学过的关于情感关系账户的内容。我给学生会其他成员都写了一张简短的字条，有些人我并不太熟悉。我说我感谢他们所做的一切。写字条大约花了我5分钟时间。

第二天，收到字条的一个女孩走到我身边，突然拥抱了我一下。她感谢我给她的字条，随手递给我一封信和一个巧克力棒。她在信中说昨天她开心极了。本来很疲惫，心情极差，正是我写的一张小小的字条改变了她的心情，帮助她愉快地完成曾让她感到厌烦的事情。不可思议的是，在给她字条之前我根本还不太熟悉她，我猜想她也并不太喜欢我，因为她从来都没有真正地关注过我。真是出人意料！我简直不敢相信一个小字条竟然对她那么重要。

帮助别人并不一定总要一对一，你也可以跟大家一起进行"情感存款"。我记得曾读过一篇文章，讲的是芝加哥附近的乔利埃特镇专科学校全体师生在这方面的一次义举，十几岁的女孩罗莉做梦也没有想到大家把返校节女王的桂冠给了她。

罗莉同大家不一样,她是接受特殊教育的残疾学生。她每天坐轮椅上学,因为得了大脑性麻痹症造成口齿不清,行动不便。

在得到全体同学提名后,罗莉进入只有10人的决赛圈。最后,评委会宣布罗莉赢取了女王桂冠。整个学校齐声高喊,"罗莉!罗莉!"直至第二天,到她家里送花祝贺的人仍络绎不绝。

当有人问罗莉打算把这顶王冠戴多久时,她回答说:"永远永远!"

如果你希望别人善待你,那么,你就要善待别人。想想你的感情投资对别人是多么重要,而不要光想着别人为你付出。在你看来,一个可爱的礼物可能是感情投资,但对别人来说,听几句动听的话语可能也是感情投资。

对人忠诚

我永远难忘中学二年级时,我和我的朋友埃瑞克一起去看一场中学篮球比赛。当时我拿一个总坐在替补席上的选手开玩笑。他是个不错的家伙,跟我也很好,但许多人都开他的玩笑,于是我觉得我也可以这么做。埃瑞克笑了笑。就在我嘲笑了那家伙一阵后,我凑巧转过身去。天哪!他的弟弟就坐在我后面。他听到了一切。我迅速转回身,一声不吭地看完了后面的比赛。我觉得自己像个大傻瓜,1英尺高的大傻瓜。那个晚上,我确实上了有关忠诚的重要一课。

你能进行的最大的感情投资之一就是对别人忠诚,不仅是当着他们的面,在他们不在场的时候更要如此。当你在背后议论别人时,你是在以两种方式伤害自己。

首先,你会让每一个听到你的话的人都退避三舍。

其次，当你讲别人坏话或议论别人的时候，你无形中疏远了被你攻击的人。

说闲话是青少年，尤其是女孩的一大毛病。男孩通常会用其他方式攻击别人（我们通常用拳头），而女孩则用语言。为什么嚼舌头是个普遍的问题？其一，这是一种强烈的感觉，你玩弄别人的声誉于自己的股掌之中；其二，我们闲聊是因为我们感到不安全、害怕和受到威胁。这就是为什么闲聊的人通常喜欢捉弄那些长相出众、想法独到、自信或某方面突出的人。但是，诋毁别人而突出自己不是很愚蠢吗？

《小熊维尼》(Winnie-the-Pooh) 中所表现的，人们需要从相互的关系中感受到安全和安心。

小猪悄悄走到小熊身后。

"小熊。"他小声说。

"什么事，小猪？"

"没事。"小猪拉起小熊的手说，"我只是想感觉到你的存在。"

善于倾听

倾听是你所进行的另一笔最大的感情投资。为什么？因为大多数人都不愿倾听，而倾听可以治愈伤痛，就像15岁的托尼讲的那样。

那年年初，我同父母的交流出现问题。他们不听我的，我也不听他们的，那种局面是"我是对的，你就是错的"。我很晚回家，然后就上床睡觉。早上吃过早饭就上学，不说一句话。

我去找表姐，对她说："我要和你谈谈。"我们开车在镇上转，就我们两个人。她听我又哭又叫了两个半小时。她确实帮了我不少，尽管她只是听我诉说。她乐观地认为一切都会好转，并且建议我努力赢回父母的信任。

后来，我试着从他们的角度看问题。我们不再处于对立状态，一切又恢复正常。

人们需要有人倾听，就像需要食物一样。如果你花时间听他们诉说，你会创造惊人的奇迹，会建立伟大的友谊。在习惯五中我们会谈到更多关于倾听的话题：首先努力去理解别人，然后才能争取被别人理解。这是后话。

勇于承认错误

在你大声叫喊、反应过度或犯了愚蠢的错误时说声"对不起"，就能很快弥补情感关系账户的透支。但是，走到朋友面前说"我错了"、"我道歉"、"对不起"，这需要勇气。向你的父母承认你错了尤其困难，因为你觉得你比他们懂得多。17岁的勒纳告诉我们：

我从以往的经历得知对父母道歉多重要。如果我承认我的错误并道歉，他们会原谅我的任何过错，而且不再追究，但这样做并不容易。

我想起最近一天晚上发生的事。妈妈指责我做了一件她不赞同的事，我不承认；相反，我表现得好像他们是傻瓜，并当着妈妈的面摔门进了房间。

一进房里我就觉得不对。我可能一直都知道自己做错了，并且态度粗暴。我该待在房里睡觉，让事情过去，还是应该上楼道歉？过了两分钟，我上楼，径直走向妈妈，用力拥抱了她，告诉她我对自己的行为感到非常抱歉。这是我所做过的最好的事。事情立刻就过去了，就像根本没有发生过一样。我感到轻松和高兴，如释重负。

不要让你的骄傲和懦弱妨碍你向他人道歉，因为道歉并不像看起来那么可怕，它反而会让你事后觉得开心。此外，道歉让人们消除敌意。当人们被冒犯时，他们的反应通常是拿起武器，保护自己。但是，当你道歉后，就能消除他们想揍你的念头，让他们立刻丢下刀枪。

既然你我在以后的日子里还会继续犯错，那么道歉就是一个不错的习惯。

给出明确的期望

你有没有看到过有人因为别人不明确的期望而受到伤害？我们往往想夸奖和取悦别人，但我们的期望常常不现实或不明确。

想让你老爸高兴，你可能会说："哦，老爸，我周末帮你修车。"但现实是你整个周末都已经排满了，根本没有一点时间。结果，你让你老爸失望了。一开始你就现实一点可能会更好。

要取得别人的信任，我们要避免发出不清楚的信息，或暗示一些不真实抑或根本不可能发生的事。

• 幼童学步 •

信守诺言

1. 下次晚上外出时,和老爸老妈说好几点回家就几点回家。

2. 作出承诺前,静思片刻,想好你是否能说到做到。不要轻易就说"今晚我给你打电话"或"今天我请你吃午饭"之类的话,除非你能做到。

从小事做起友善相待

3. 这周给一个露宿街头的孩子买个汉堡包。

4. 给你一直想表示感谢的人写个字条,表达谢意。

我想感谢的人是:_____

对人忠诚

5. 反思什么时候、什么情况下最难避免闲聊,是中午在衣物间同某个朋友在一起的时候吗?制定出避开这种情况的计划。

_____

_____

6. 试着在一整天里都只说关于别人的好话。

善于倾听

7. 今天不要只顾说话,花一天时间倾听别人诉说。

8. 想想家里某个人,妹妹、哥哥,或是爷爷,你从来都没有好好地听他(她)说话,花些时间认真倾听。

勇于承认错误

9. 今晚，上床睡觉前，给你冒犯了的人写个简短的字条，表明歉意。

_____

_____

给出明确的期望

10. 如果对于你们面临的一个共同目标，你和其他人抱有不同的期望值，共同制定一个计划以便取得一致。

他们的期望：_____

我的期望：_____

第八章
习惯四：双赢的想法

生活就像一顿
各取所需的自助餐

> 如果不是让大家的生活都变得轻松一些的话，那么我们生活的目的是什么？
>
> ——乔治·艾略特（George Eliot），美国诗人

一天我坐在课堂中，忍不住四处东张西望，想数数哪几个人比我还笨。当有一个学生说了句傻话时，我头脑中立刻蹦出这样一个念头："好啊，这家伙死定了。还有8个。"有时我发现我不想让学习小组中的其他同学知道自己最高明的想法，因为我担心他们会偷走我的想法，结果受表扬的是他们而不是我。这些想法折

磨着我的心，让我觉得自己真是很渺小，心眼还没个针尖大。问题在于我脑子里想的是争强好胜，而争强好胜的想法总是让你的心中充满了消极的念头。好在还有一条更好的出路，那就是双赢的想法，也即习惯四。

双赢的想法也是一种人生哲学，一种表示我可以获胜，你也可以成功的精神力量。双赢并非光是我高兴，也不是只有你高兴，而是我们两个都开心。双赢的想法是与他人和睦相处的根本。首先你心中要想到我们都是平等的，不存在谁好谁坏的问题，而且也没必要分出好坏来。

现在你可能会说："说真的，肖恩，不是那么回事，那是一个血淋淋的和充满竞争的世界，没人能永远获胜。"

我不同意这种说法，那并不是生活的真实面貌。真正的生活并不是竞争，或是要比别人强，也不是十次要有九次获胜。在商业竞争、体育比赛和学校中可能是这样，可这只不过是我们所建立起的习惯罢了，人与人之间的关系可不是这样的。正如我们在书中所了解的那样，友谊是构成生活的要素。如果说"你们俩当中谁棒？你还是你的朋友？"想想这有多傻呀。

我赢你输——刻着图腾的柱子

争强好胜是一种人生哲学,这种人生哲学就是胜利之果是如此之诱人,你吃得多了,剩给我的就少了,所以我要想方设法保证我先得到我的那一份,或是我得到比你大的一份。我胜你负就是竞争,我叫它"图腾柱综合征"。"我不在乎我怎样,只要在图腾柱上我的位置比你高就行。"同赢得胜利、成为第一和按自己的意志行事相比,亲情、友情和忠诚都是次要的。

让我们来认识一个普通的男孩罗德尼吧。

罗德尼经历的第一次竞争是在三年级的时候。当他参加每年一度的田径比赛时很快就发现只有前三名可以得大奖。罗德尼从未在比赛中得过奖,但却很高兴,因为他至少因参与而得了奖。

直到有一天,他最好的朋友告诉他说"这些奖根本不算什么,因为人人都有份"时,他才恍然大悟。

罗德尼上中学后,他的父母没钱给儿子买最新款的牛仔裤和时髦的鞋子了,罗德尼只好穿旧衣服和旧鞋子。可他总是忍不住留心那些有钱朋友的穿着打扮,感到抬不起头来。

经过4年的高中生活后,罗德尼准备上大学,为此他参加了SAT测试(学术能力测试),成绩中等,这

意味着他比一半人聪明，但又不如另一半人，遗憾的是他的成绩还不足以让他进入他心中理想的大学。

罗德尼上的是一所对学生强制性分等级的大学。一年级的化学课共有30名学生，罗德尼了解到只有5个学生是A类，5个是B类，其他的不是C类就是D类。发愤图强之后的罗德尼没有掉到C类和D类学生的行列，幸运地挤进了B类学生中的最后一名。

而罗德尼的故事还没完……

既然要在当今这个世界中出人头地，那么罗德尼和我们大家在成长的过程中将生活看作是一场竞争，事事都要争先，这有什么奇怪的吗？我们经常发现我们自己环顾左右，想看看我们在图腾柱上处于什么位置，这有什么奇怪的吗？幸运的是，你和我都可以选择不惧怕失败。我们有能力积极主动，超越这个争强好胜的环境。

争强好胜的人生哲学有多种表现形式，以下就是其中的一些。

◎ 出于自私的目的而在感情和肉体两方面利用他人

◎ 为了自己出人头地而牺牲他人的利益

◎ 散布别人的流言蜚语（踩着别人的肩膀往上爬）

◎ 总是固执己见，从不考虑别人的感受

◎ 当周围的人遇到好事时嫉妒不已

争强好胜的人生哲学最终会搬起石头砸自己的脚。你可能会爬到图腾柱的顶部，但你却会感到高处不胜寒，身边一个朋友也没有。

你胜我负——逆来顺受的可怜虫

一个孩子写道："首先，我是一个与世无争的人。对任何事情我宁愿责怪自己也不愿和别人争个不休。我经常发现自己在说：全怪我，是我弱智……"

你认为自己会认同这段话吗？如果认同，你就落入了逆来顺受的圈套。逆来顺受表面上不错，可它同争强好胜一样危险。这是一种逆来顺受综合征。逆来顺受者说："你怎么对待我都行，你可以在我身上擦脚，谁都可以这样对我。"

逆来顺受是弱者。由于这种逆来顺受的人生哲学，你会发现自己的期望不高，一次又一次地降低自己的标准。为了适应压力而让步就是逆来顺受。也许你本不想逃学，可在一些家伙的强迫下你让步了。结果怎样？你输了，那些家伙赢了，这就是所谓的逆来顺受。

一个名叫珍妮的女孩曾向我诉说她对逆来顺受的困惑，在从中解脱之前这种困惑整整折磨了她1年。

有一天妈妈对我冷嘲热讽，于是我和妈妈之间的麻烦开始了。她对我说："哎唷！你今天真是粗鲁无礼呀。"我仔细地琢磨了妈妈的话后，当即决定不再向妈妈敞开我的心扉，也不再和她顶嘴了。我开始假装尊重她，服从她的权威。因此每当她对我说什么事时，即便我心里不同意，我也只是说："好的，你说怎么样就怎么样。"有一半的时候妈妈甚至不知道我心里有事，因为我不愿告诉她。

当妈妈对我交什么样的朋友和晚上几点回家都管时，我总是说："你怎么说我就怎么做。"按妈妈的要求去做很容易，因为她从没认真考虑过我的意见和建议。

可是很快我对这一套就厌烦了，心中的怨气越来越大。一天晚上我刚刚同妈妈说完学校作业的事，她漫不经心地说了一句"噢，这很好啊",之后转过身又去擦地板了。

我心想:"难道你真的不在乎吗?"可我什么也没说,扭头而去。妈妈根本不知道我不高兴了。如果我告诉她与她的交流对我有多么重要的话,她本愿意和我好好谈一谈的。可是我显得很想逆来顺受,妈妈怎么说我就怎么做。

最后,我的怨气终于爆发了:"妈妈,不能再这样了,我再也受不了你了。你想让我干什么我就干什么,因为听你的话总比反抗你容易。好了,我受够了!"我说出了心里的话,让妈妈知道我埋藏在心底的感受,妈妈很吃惊。

发泄完心中的怒火之后,我和妈妈愣了好一会儿。这时我们都感到我们的关系完全不同了,变得越来越亲密。现在我们无话不谈,我总是把我的想法告诉妈妈。

擦鞋垫

两败俱伤——坠入万劫不复的深渊

持两败俱伤想法的人会说:"小子,如果我完蛋的话,你也要和我一起完蛋。"毕竟,有了伙伴,不幸也不那么令人难受了。战争便是两败俱伤的最好例子。好好想想吧,谁杀的人多谁就赢得了战争,可听上去并不像他最终真的胜利了。报复也是一种两败俱伤,通过报复,你可能以为你赢了,可实际上你最先伤害的却是你自己。

当两个争强好胜的人碰在一起的时候,往往会出现两败俱伤的结果。如果你不惜一切代价要获胜的话,另一个人也会这样干,结果你们两个都会成为失败者。

当一个人消极地看待别人时也会出现两败俱伤的结果,这种情况在与我们最亲近的人身上最有可能出现。

"只要让我弟弟失败,我才不管结果会怎么样呢。"

"如果我得不到杰夫,那我也决不让我的朋友萨拉得到他。"

在这个问题上你要是不谨慎的话,友情就会变成两败俱伤的结局。这种事你见得还少吗?两个好人开始交往,他们的关系发展得很顺利,这就是双赢。可如果他们的感情变得越来越深,产生相互依赖的心理的话,他们就开始产生对对方的占有欲,变得相互嫉妒起来。他们老是要待在一起,感受对方,就好像拥有对方一样,以获得安全感。最终这种相互依赖会给两人带来最坏的结果,他们开始吵吵闹闹,相互"报复",结果陷于两败俱伤的悲剧之中。

双赢——各取所需

双赢就是一种人人都是胜利者的想法,就是一种既宽容又坚忍不拔的想法。我不会踩着你的肩膀向上爬,但我也不会对你卑躬屈膝。你关心他人,希望他们成功。但你也关心自己,也希望自己成功。双赢就是海阔天空,认为存在着许多成功的机会。这并不是你的成功或是我的成功,而是我们两人的成功。谁得到的好处多一点并不重要,这好比是一顿各取所需的自助餐,人人都有份。

我的一位朋友唐·梅韦斯讲述了她是如何发现双赢

一顿各取所需的自助餐

想法的好处的。

高二时我是学校篮球队的女篮队员。虽然我才是个高二学生,但是球已经打得相当不错,身高也足以成为大学篮球队的首发队员了。我有一个好朋友帕姆,也是个高二学生,也被选为大学篮球队的首发队员。

我比较擅长中远距离投球,常在10英尺外投篮,一场球打下来我能投四五个这样的球,而这也得到了大家的赞赏。但不久后,帕姆变得明显不喜欢我在球场上成为观众注意的中心,于是决心有意让我得不到球。无论我有多好的投篮机会,帕姆都不再将球传给我了。

一天晚上,在一场激烈的比赛之后,由于帕姆在比赛中一直不给我球,我像以往一样都快气疯了。我和爸爸谈了很久很久,什么都对爸爸说了,表达了我对帕姆化友为敌的愤怒。长谈之后,爸爸告诉我说,他认为最好的办法就是我一得到球就传给帕姆。一得球就传给帕姆,我认为这是爸爸给我的最愚蠢的一个建议。可爸爸只说这样做一定有用,说完他就走开了,把我一个人留在厨房的餐桌边。我才不费那个工夫独自思考,我知道这样做根本没用,于是将老爸的傻建议丢在了一边。

很快就要打下一场比赛了,我决心让帕姆在比赛中出出丑。我做了周密的策划,并开始着手实施让帕姆丢脸的行动。当我第一次拿到球时,我听到爸爸在观众席上大声叫喊,他的嗓音低沉,尽管我在打球时非常专心,不知道场外发生的事,但是我总是能听到老爸低沉的嗓音。我一拿到球,老爸就大叫:"把球传给帕姆!"我犹豫了一下,还是做出了我知道是正确的举动。虽然我也可以投球，可我看见了帕姆，将球传给了她。帕姆愣了一下，然后转身投篮，手起球落，2分。我在回防时突然产生了一种从未有过的感觉：为另一个人的成功而由衷地感到高兴。更重要的是，我知道我们的比分领先了。赢球的感觉真好！上半场我继续同帕姆合作，一有机会就将球传给她。下半场我依然积极与帕姆配合，除非别人投篮或由我直接投篮更好。

这场比赛我们赢了。在以后的比赛中，帕姆开始向我传球，而且也像我一样一有机会就传给我。我们的配合变得越来越默契，两人之间的友谊也越来越深。在那一年中，我们赢得了大多数比赛，而我们两人也成了家乡小镇中的传奇人物，当地报纸甚至专门写了一篇有关我们两人默契配合的报道。总的来说，我在比赛中的得分也比以前多了。

你看，双赢总会给人们带来更多的好处，这就好像是一顿无尽的美餐，让你享用不尽。

你可能在双赢这方面比你所认为的做得更多。以下是双赢人生哲学的范例。

◎ 你最近因工作出色而得到了提拔，你应与所有那些帮助你取得这些成绩的人分享荣誉与赞扬。

◎ 你刚刚被提拔担任学校的一个重要职务，你决心不让这种"优越感"抬头。你对学校中的每一个人都一视同仁，无论他们是孤僻的人还是大家不喜欢的人，你都平等对待。

◎ 你最好的朋友刚刚被一所你中意的大学录取，而你却未能如愿。虽然你对自己的处境感到尴尬，可你却真诚地为你的朋友感到高兴。

◎ 你想到外面去吃晚饭,可你的朋友却想去看电影。你们俩决定租一部片子,将饭买回家一边吃一边看电影。

如何设想双赢

你该怎么办?你的朋友被大学录取而你却没有,你怎么才能高兴起来?邻居的女孩有许多漂亮衣服而你却没有,你怎么才能不感到自卑?怎么才能找到可以使你们两个都成为成功者的办法?

我可以提供两个线索:首先办好自己的事,其次避免两个恶魔附身。

首先办好自己的事

一切首先取决于你。如果你是一个没有安全感的人,自己的事还没做好,那将难以想象双赢。你会感到受到别人的威胁,难以为别人的成功而高兴,难以和大家分享荣誉与赞扬。没有安全感的人容易产生嫉妒心。安娜与女友的对话典型地展现了一个没有安全感的人的形象。

"艾米,刚才和你说话的那个人是谁?"安娜问道。

"那个男的是我从小一起长大的好朋友。"艾米回答说。

"我不想看到你和他搅在一起。"安娜发火了。

"安娜,他只是我的一个老朋友,我们是小学同学。"

"我不管你和他认识多久了。你不该对他那么好。"

"那有什么,他不过是遇到了一些麻烦,需要找个朋友说说。"

"你听不听我的话?"

"那好吧,安娜。如果你是这样想的,我不再和他说话了。"

你可以看出只要安娜是个没有安全感的人，在情感上依赖女友，要她心胸开阔有多难吗？安娜应从自己身上找原因。当他学会增进与别人的关系，承担起生活的责任并做好计划时，她的自信和安全感会增加，这时她会乐于和别人在一起，而不会感到受到别人的威胁。个人安全感是双赢想法的基础。

避免两个恶魔附身

有两种习惯像肿瘤一样从内心折磨着你。这两种习惯是一对难兄难弟，它们就是竞争和攀比，有这两种习惯是不可能产生双赢想法的。

竞争

竞争完全可以是有益的，竞争可以促使你进步、实现你的目标和发挥你的主观能动性。没有竞争，我们就永远不会知道我们可以达到什么目标。在《星球大战》这部影片中，天

行者卢克得知一种被称为"力"的能量盾，它是所有生命的来源。后来，卢克在与邪恶的黑武士交锋时，又得知这种力有"阴暗面"。黑武士说："你不知道阴暗面的力量。"竞争也一样，它有光明的一面，也有阴暗的一面，而这两方面都非常强大，不同之处在于：当你同自身竞争时，或是竞争中对你提出的挑战使你最大限度地发挥出自身的潜能，从而使你成为最强者时，竞争就是有益的。而当你将你的自尊与获胜联系在一起，或是当你利用竞争使别人屈服时，竞争就变成了坏事。

攀比

攀比同竞争是一对孪生兄弟,同时也是一种毒瘤。拿自己与别人比,只会产生偏颇的判断。有人喜欢杨树,有人却喜欢竹子,杨树刚种下去的时候像棵草,而竹子在前4年中好像一点儿也不长,到第5年时却一下子长到90英尺。

第1年　　第2年　　第3年　　第4年　　第5年

我曾采访过一个叫安妮的姑娘,她曾有数年之久身陷攀比这个罗网中难以自拔,但最终她还是从中解脱出来了。她对那些也身陷其中无法脱身的人说:

我高一那年遇到了麻烦。学校里大多数同学都挺有钱,你的穿着打扮就是一切,今天谁又穿了什么衣服就是大事情。同学中对穿着打扮有些不成文的规定,比如说一件衣服只能穿一次、从不要穿与别人一样的衣服等等。牛仔裤一定要是名牌,价钱要贵,服装必须颜色款式都不同。

高一时,我有一个男朋友,他是个三年级学生,又不讨我父母的欢心。最初我们的关系很好,可是后来他让我感到难堪。他总是说些这样的话:"你怎么看上去和她一样?""你怎么变得这么胖?""如果你换换打扮就对了。"

我相信了男友的话,开始注意周围的女孩,分析我为什么不如她们的原因。尽管我有一大堆衣服，但是由于我无法确定该穿什么衣服，男友还是对我说三道四。我甚至到商店中偷衣服，因为我希望我有最时髦和最好的衣服。再后来，我和谁在一起就照着谁的穿着打扮自己，喜欢什么就穿什么，可我总是觉得比不上别人。

为了解决这个问题，我开始暴饮暴食，然后再吃泻药。大吃大喝使我舒服，而泻肚又是我的一种奇怪的控制体重的办法。虽然我并不胖，但我非常怕发胖。很快，吃了泻，泻了吃成了我生活中的一个重要组成部分。我开始一天吐三四十次，在学校我也这样，在浴室里吐，到处都吐。这是我的一个小秘密，我不能告诉父母，因为我不想让他们担惊受怕。

我记得有一次几个非常讨人喜欢的人约我一起去看棒球。他们比我大1岁，都是16岁。我高兴极了，妈妈和我一起为我挑选合适的衣服赴约而忙个不休。我在窗前等了好几个小时，但他们却根本没来接我。我感到特别失落，认为"他们不来接我是因为我不够酷，长得不漂亮"。

最后这些想法快把我逼疯了。一次我在台上表演时突然大脑变得一片空白，昏了过去。在更衣室醒过来后，一眼看见在我身边焦急的妈妈，我扑到妈妈怀里低声说："帮帮我。"

承认遇到麻烦是我开始恢复的第一步，但我用了数年之久才真正摆脱这场噩梦。现在回想起来，我简直不敢相信我会陷于那些想法而无法自拔。我经历过那么多本该高兴的事，而我却是那么的痛苦。我曾是一个聪明伶俐、才华横溢和苗条的姑娘，可我却陷于攀比的世界中而不能自拔，感到我还是不够好。我想大喊一声："再不要自我折磨了，太不值得了。"

我能脱离苦海的关键是我遇到了一些真正与众不同的朋友，是他们让我感到，我之所以重要就是因为我就是我，而不是因为我穿得怎么样。他们对我说："你并不需要靠衣服来装扮自己，与你这个人相比，衣服根本不算什么。"我开始改变了，但却是为了自己，不再是因为别人告诉我只有改变自己才值得被爱而被迫改变自己。

不要陷入这种游戏中而不能脱身，不要在你的花季年华为了讨得别人的欢心而忧心忡忡，因为生活才刚刚开始。

双赢精神所结的硕果

绝不要低估一个人有了双赢想法所产生的成果。

去年我和我的朋友史蒂夫在暑假时想挣点儿钱，于是我们找了份擦窗户和养护草坪的活儿，我们认为用"碧绿又干净"的字眼来形容我们的事业是够酷的。

史蒂夫的父母有一个朋友想找人帮他擦擦窗户，没费什么事我们就争取到了这份活儿。

我们用爸爸的电脑设计了一个小小的计划书，我们将其称为双赢协议。我们到干活的地方后，先围着房子转了一圈，将要擦的窗户测量了一下，记下一个大概。我们将要擦的窗户注明了价钱，并留出了客户签名的地方。如果我们干得不好的话，我们知道他们下回就不会再找我们了。等我们干完活儿，我们带着他们检查我们的劳动成果。我们想让他们知道我们对工作是有责任心的，这使得我们赢得了客户的信任。

我们有了一笔小小的"碧绿又干净"基金。我们一挣到钱就将钱平分，还留出一部分来买擦窗户的用品。只要我们的客户高兴，他们的窗户被擦干净了，他们就是赢家。可我们也赢了，因为对15岁的孩子来说，我们可以用这种方式挣点儿零花钱。

有的时候，如果你找不到一个对你们双方都有利的解决方法，那就根本不去做。比如你和朋友无法决定晚上干什么，那就不要做可能让你们中某个人不高兴的事，而是索性各自回家，另找一个晚上大家再聚。也许你和你的朋友不能形成双赢的关系，最好的办法可能是分手。这肯定比我赢你输、我负你胜，或是最糟糕的结果——两败俱伤要好。

●幼童学步●

1. 反思你在生活中最想攀比的方面，也许是相互攀比衣服，也许是相互攀比长相，也许是相互攀比朋友，也许是相互攀比天赋。

我最想与他人攀比的地方：_____

2. 如果你参加的是体育比赛，展现出你的体育道德来，比赛后对对方队员表示赞赏。

3. 如果有人欠你钱，别不敢以友好的方式提醒他还钱，你可以这样说："你忘了上周向我借过10美元吗？我有急用。"要采取双赢态度，而不要咄咄逼人。

4. 不要在乎输赢，与别人玩玩扑克、滑板或者电脑游戏，目的就是使大家都高兴。

5. 你不久将参加一个重要的考试吗？如果是，组成一个学习小组，与大家分享你最高明的想法，你会取得更好的成绩。

6. 如果下次你周围的某个人取得了成功的话，应由衷地为他高兴，而不是感到受到了他的威胁。

7. 认真考虑一下你对生活的总体态度，你的生活态度建立在什么基础之上。是争强好胜、逆来顺受、两败俱伤，还是双赢？

8. 对于你认为是双赢楷模的人，想一想你到底敬佩他们身上的哪些优点。

这些人是：_____

我敬佩他们的哪些方面：_____

9. 你同异性的关系是逆来顺受吗？如果是，想想你应该做些什么来改变这种关系让你们双赢，或是根本不再继续这样的关系，从中解脱出来。

习惯五
先理解别人,再争取别人理解自己

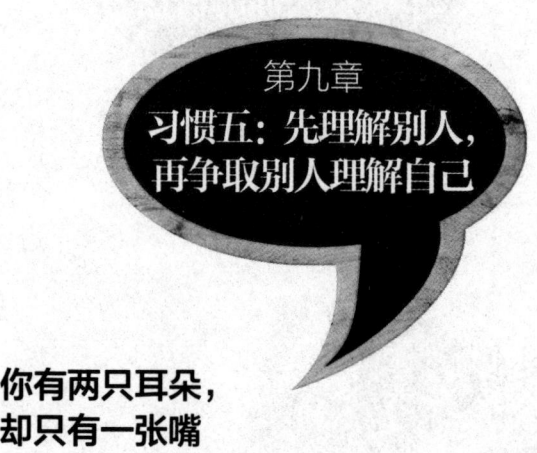

第九章
习惯五：先理解别人，再争取别人理解自己

你有两只耳朵，却只有一张嘴

试别人的鞋子前先要脱掉自己的鞋子。

比如说你到一家鞋店去买一双新鞋，售货员会问："你想买什么样的鞋？"

"噢，我想买……"

他打断你的话说："我想我知道你喜欢什么样的鞋。人人都穿着这种鞋，相信我的话没错。"

售货员匆匆拿来一双你所见过的最难看的鞋，然后对你说："看看这双鞋怎么样?"

"可是我真的不喜欢。"

"人人都喜欢的,这是目前最热销的样式。"

"我想找双别的样子的。"

"你保证会喜欢的。"

"可是我……"

"听着,我已经卖了10年的鞋了,好坏我一眼就看得出来。"

有过这样的经历后,你还想再去这家鞋店吗?肯定不会了,你是不会相信那些在了解你的需要前就给你答案的人的。可以用一句话来概括交流和影响别人的关键所在:首先努力理解别人,然后再争取别人理解自己。换句话说就是,先倾听别人,然后你再说。这是习惯五,很起作用。如果你能学会这个简单的习惯——从别人的角度看问题,然后再提出你的意见,你就会发现你能理解的世界别有洞天。正如美洲印第安人的一句谚语:"听别人说,要不然你的耳朵就成了摆设。"

人们内心深处最大的渴望是被理解

为什么这种习惯是交流的关键所在?因为人们内心深处最大的渴望是被人理解。人人都想被人尊重,自身的价值得到别人的认可,认可唯一的、不可克隆(至少目前不可克隆)的自己。

人们在感受到真正的爱和理解前是不会向别人敞开心扉的。一旦感受到了这些,他们会把一切都告诉你。以下就是一个患有

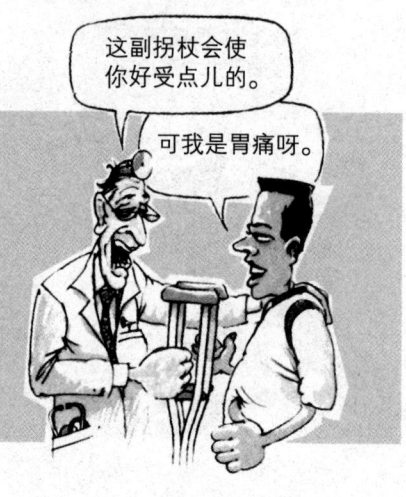

厌食症女孩的故事,这个故事向我们展示了理解的力量所在。

认识朱莉、帕姆和拉冯时,我是一个极为严重的厌食症患者,大学一年级时她们和我住在同一间宿舍。高中时期的后两年我的精力都集中在锻炼和节食上,并为我减去的每一点体重而欣喜不已。18岁时,身高5英尺8英寸的我体重仅95磅,简直就是一副骨头架子。

我的朋友不多,长期的营养不良使我脾气暴躁精神痛苦,身体虚弱得甚至都无法与别人随便聊天,学校中的社会活动就更谈不上了。我觉得自己与我所认识的孩子毫无共同之处。不过一些真正的朋友依然坚持与我交往,并想帮助我,可我却不听他们的劝告,认为他们是在嫉妒我。

爸爸妈妈为了让我吃东西,甚至不惜给我买一大堆新衣服作为奖励,他们喋喋不休地要我当着他们的面吃东西。如果我没听他们的话,他们就拉着我去找医生和专家。我那时的情绪糟透了,认为我这一辈子算是没指望了。

上大学后,幸运的是我同朱莉、帕姆和拉冯成了一个宿舍的室友,这三个姑娘让我又鼓起了生活的勇气。

我们住的是一套用空心砖隔开的小公寓,我古怪的饮食习惯和神经质的锻炼方式在她们面前显露无余。我想她们一定会认为我看上去很古怪,面带菜色、身上又青又肿、头发稀稀拉拉、臀部又尖又瘦、形销骨立。连我自己看到我18岁的照片时，都对我那丑陋的模样感到吃惊。

可她们却不这么认为，她们从不把我当作怪物看待，从不对我说教，从不强迫我吃饭，从不对我说三道四，从不吓唬我，我简直都不知道怎么办好了。

我很快感到除了厌食之外，我和她们没有任何不同之处。我们一起去上课，一起找工作，晚上一起慢跑，一起看电视，周末一起外出，我的厌食症再也不是中心话题了。相反，我们常在晚上一起畅谈我们的家庭，我们的抱负和我们尚不确定的未来。

我惊奇地发现我们之间有那么多的共同点，我第一次真正感受到了别人的理解。我感到人们终于将我作为一个正常人对待，而不是首先看到我的问题。在这三个姑娘眼中，我不再是一个需要治疗的厌食症患者，而是她们中的一员。

当我和她们之间的认同感越来越多时，我开始观察她们。她们健康快乐、充满魅力、聪明伶俐，偶尔也吃点小甜饼当点心。我想如果我和她们有那么多共同之处，为什么我不能也一天吃3顿饭呢？

好呀……解决问题的人来了。

这三个姑娘从未对我说过我该怎么治好自己的厌食症，她们只是每天向我做着无声的示范，她们的确做到了理解我，而不是先努力校正我的毛病。一年级上半学期结束时，我已和她们一起共进晚餐了，我感到她们欢迎我。

五种倾听别人意见的坏习惯

别人说话的时候我们很少去注意听，因为我们常常急于做出反应、妄加判断，或是以我们自己的思维定式琢磨他人的话。我们在倾听时经常会表现出以下几种坏习惯：

◎ 走神

◎ 假装在听

◎ 时听时不听

◎ 听话只听声

◎ 以我为中心地听

◎ 下结论

◎ 提建议

◎ 刨根问底

彼得：昨天晚上我和凯瑟琳玩得真开心。

卡尔：哦，好呀。（凯瑟琳？为什么你想和凯瑟琳出去玩？）

彼得：你简直不知道她有多棒。

卡尔：哦？真的吗？（又来了，在你眼里哪个女孩都棒。）

彼得：我正考虑请她听演唱会！

卡尔：我还以为你会邀请杰茜卡呢。（你疯了吗？杰茜卡比凯瑟琳要漂亮多了。）

彼得：我原来是那么想来着，不过现在我想请凯瑟琳。

卡尔：行啊，那就去请她吧。（你肯定明天就会改主意。）

卡尔太急于下结论了，根本不去听彼得的话，结果失去了与彼得增进关系的机会。

"宝贝儿,今天在学校怎么样?"

"挺好。"

"考试怎么样?"

"还行。"

"朋友们怎么样?"

"不错。"

"晚上打算干什么?"

"没想呢。"

"最近碰见过讨人喜欢的女孩儿吗?"

"没有,妈妈,让我一个人待一会儿。"

没人愿意像个犯人一样被审问。

真正的倾听

要做到真正的倾听,你需要做三件不同的事。

首先,用你的眼睛、耳朵和心去听

仅用耳朵听是不够的,因为对话中语言的比例仅占7%,其他的为形体语言(占53%)以及我们说话的方式,也即我们说话的语调和表现的情感(占40%)。例如,注意你只要将重音放在不同的字上便改变了句子的意思。

我并不是说**你**的态度有问题。

我并不是说你的**态度**有问题。

我并不是说你的态度有问题。

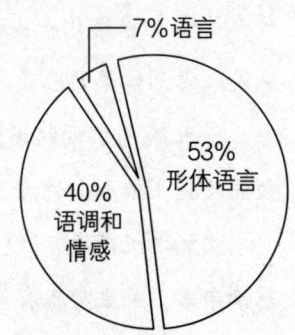

其次，从别人的角度出发

让我们暂且认为世界上的每个人都戴着有色眼镜，没有两个眼镜的色调是一模一样的。我和你站在河岸边，我戴的是绿色镜，你戴的是红色镜。

我说："啊，看水多么绿呀。"

你却说："绿？你疯了，水是红的。"

"哟，你色盲啊？水绿得不能再绿了。"

"你这白痴，水是红的。"

"绿的！"

"红的！"

我妹妹曾听到她的朋友托比讲过这样一个故事，请注意从不同的角度出发会产生什么不同的结局。

到学校去最糟糕的事就是乘坐公共汽车。我的意思是我的大部分朋友都有车（尽管可能是辆旧车），可是我们家却没钱为我买辆车，因而我只好乘公共汽车或是搭别人的车。有时我会在放学时打电话给妈妈，让她来接我。但等妈妈的车要很长很长的时间，等车等得我都快疯了。我记得有好多次我朝妈妈大喊大叫："你干什么去了？难道你一点儿不在乎我等你等了好几个小时吗？"我从没注意到妈妈的感受或是她在干些什么，想到的只是自己。

一天我偶尔听到妈妈对爸爸说起这件事，妈妈哭着说她多希望能给我买辆车，她为了挣更多的钱工作得多么努力。

突然之间我所有的想法都变了。我将妈妈看作是一个有血有肉、感情丰富，并且对我有着无限亲情的真正的人。我发誓再也不能对妈妈不好了,我开始和妈妈更深入地交流,一起商量出我找一份零工、自己挣钱买车的办法。妈妈还自愿开车送我上下班,我真希望我能早一点了解妈妈的心思。

最后,运用反射法

想想你是一面镜子。镜子会怎么样?镜子不会下结论,也不会提建议,镜子只会反射。反射法很简单:用自己的话复述别人的话和感想。反射不是模仿。

"汤姆,我现在在学校糟透了。"
"你现在在学校糟透了。"
"我所有的课程都不及格。"
"你所有的课程都不及格。"
"不要重复我的话,你有毛病啊?"

模仿	反射
重复别人的话	重复别人的意思
原封不动地重复别人的话	用自己的语言
态度冷淡,漠不关心	态度热情,富有同情心

在下面这个例子中,反射就与模仿不同:
让我们看看日常的对话,搞清楚反射法的作用。
你的爸爸可能会对你说:"不行!你今天晚上不能用车,儿子。这是最后一次了。"

典型的脱口而出的回答可能是这样的:"你从不让我用车。我老得搭别人的车,烦死了。"

这样的回答往往最终导致两人大吵一架,事后谁都不愉快。

相反,试一试反射法,用自己的语言重复别人的话。让我们再看看:

"不行,你今天晚上不能用车,儿子。这是最后一次了。"

"爸爸,我看得出你对我的要求很厌烦。"

"当然很烦。你的成绩最近一直在下滑,你没资格用家里的车。"

"你很担心我的成绩。"

"是的。你知道我对你上大学抱着多大的希望。"

"上大学对你非常重要,是吗?"

"我没有机会上大学,而且因为没上过大学而挣不了大钱。我知道钱并不是一切,可对于目前的境况,钱却能有所帮助,我只是希望你能过上好日子。"

"我明白。"

"你完全有能力上大学,可你却不好好读书,这点把我快气疯了。如果你答应今天晚上回家后把作业做了,我想你可以用家里的车。我就这一个要求,你答应吗?"

你注意到结果了吗?通过运用反射法,这个男孩解决了这一难题。爸爸对他用车的要求不太在意了,他更关心孩子的未来和对学习漫不经心的态度。当父亲感到儿子明白学习成绩和大学对他的重要性时,他对儿子用车的敌意也就烟消云散了。

重要提示:只有在一定的时间、地点,谈论一定的问题才需要真正的倾听。你在谈论一个重要的或敏感问题时要运用真正的倾听技巧,比如当你的朋友的确需要帮助,或是当你所爱的人沟通出现问题。这种沟通需要时间,你又不能催促他们草草了事。然而,你不必在漫谈或是日常无关紧要的对话时运用这种技巧,比如:

"请问洗手间在哪儿?我肚子不舒服。"

"你是说你担心不能及时找到洗手间吗?"

真正的倾听作用非凡

让我们看看下面的对话,从而说明真正的倾听结果是多么的不同。

妹妹说:"我一点儿也不喜欢我们的新学校。从一进这所学校我就感到很孤独,我希望能找到一些新朋友。"

哥哥可以有以下各种回答:

"给你饮料?"(根本没听妹妹说的是什么。)

"听上去不错。"(假装在听。)

"说到朋友,我的朋友巴特……"(听的只是只言片语。)

"你所要做的就是结识新朋友。"(提建议。)

"你做得还不够。"(下结论。)

"你的学习有问题?"(刨根问底。)

但是如果哥哥聪明的话,他会试试反射法:

"你觉得你现在在学校的日子很不好过。"(反射法。)

"真是糟透了,我是说我没有朋友。而且琼斯对我也很不友好,我都不知道该怎么办了。"

"你感到很烦恼。"（反射法。）

"当然。我过去一向都很讨人喜欢，可现在，突然间来到新学校谁也不认识了。我一直努力与别人交朋友，可看起来没什么用。"

"看得出你很失落。"（反射法。）

"是的，可能听上去我好像有点心理问题。不过，谢谢你听我倾诉。"

"没什么。"

"你认为我该怎么办？"

通过倾听，哥哥同妹妹的关系更加牢固了。此外，妹妹现在也愿意听哥哥的劝告了。这时是哥哥设法让妹妹理解他的意思，同意他的观点的时候了。

与父母的沟通

沟通本身就很不容易。如果你希望改善与父母的关系，就应该试着像朋友那样听听他们怎么说。虽然把你的父母当作普通朋友来看待显得有点儿怪怪的，可这值得一试。我们总是对父母说："你不明白我。没人明白我。"可是你曾想过你也不理解你的父母吗？

你知道，父母也有压力。你在为你的朋友和你即将到来的考试担心时，他们也在为如何与他们的老板相处和怎么养活你操心。和你一样，父母也有工作不顺心和伤心的

我们的使命是探索人类是如何度过一天的。

时候,他们也有为付一大堆账单发愁的时候。妈妈很少有机会自己出去轻松轻松,爸爸可能会因为他的车不好而受到邻居嘲笑。为了实现你的梦想他们不得不作出牺牲,而他们自己可能也有许多未了的心愿。父母也是人,他

们也有喜怒哀乐,也有感情受到伤害的时候,就像你和我一样,他们也不总是意见一致,也有闹矛盾的时候。

如果你抽出点时间了解父母,听听他们的想法,你的想法和做法也就更有可能得到他们的理解和同意。这并不是投机取巧,而是一条定律。如果他们认为你理解他们,他们也更愿意听听你的想法,他们会更灵活,会更相信你。

那么,你如何能更理解你的父母呢?先问他们一些问题,最后问候你的老爸老妈:"您今天怎么样?"或是,"和我说说您对您的工作哪里喜欢,哪里不喜欢?"又或是,"家里有什么事要我帮忙吗?"

你还可以开始向父母的情感关系账户做小额存款。要做到这点你可以问问自己:"父母认为怎么做才是他们情感关系账户的存款?"站在他们的立场,从他们的观点,而不是从你的观点出发考虑问题。情感关系账户的存款可以是主动帮助洗洗碗,倒倒垃圾,或是遵守诺言准时回家,又或是,如果你不和父母住在一起的话,每个周末给他们打个电话。

争取让别人理解自己

习惯五的后半部分，也就是"争取让别人理解自己"，与前半部分同样重要，只不过对我们的要求有所不同罢了。"先努力理解别人"，要求的是思考，而"再争取让别人理解自己"，要求的是勇气。

只运用习惯五的前半部分——先努力理解别人——是不行的，这是一种逆来顺受的态度。这是一种忍气吞声综合征。这种态度很容易造成失误或失败，特别是在同父母的关系上更是如此。"我不会将我的想法告诉妈妈，妈妈不会听的，她从不明白。"这样我们将自己的想法深深地埋藏在心里，而父母依然不知道我们的心声。这种态度不好。请记住，没有说出的想法不会消失，这些想法只是暂时被你藏在心里，以后会以更可怕的方式爆发出来。

此外，如果你愿意听别人倾诉，别人听你倾诉的机会也会更大。在下面的故事中，请注意凯莉是如何运用习惯五的前后两个部分的。

一天我病了，没去上学。爸爸妈妈担心我在外面玩得太久而睡眠不足。我没有找一大堆借口，而是设法理解他们的想法。我同意他们的意见，但是解释说，我想在学校的最后1年中过得愉快，这包括与朋友们在一起玩。父母愿意从我的角度考虑这个问题，最后我们达成了妥协，那个周末我在家里待了1天以便休息。如果我不是先理解父母的话，我认为他们是不会对我那么宽容的。

给出反馈信息是谋求获得他人理解的一个重要组成部分。如果做得好的话，会成为情感关系账户的存款。你在作出反馈时请记住以下两点。

第一，问问自己："这种反馈是否真的对他有好处，或者我这样只是为了让自己高兴、出于报复？"如果你的本意并非是真心为了对方的话，那么在这种时候、这个地方给出这种反馈可能是不合适的。

第二，给出"我怎样怎样"而不是"你怎样怎样"的信息。换句话说就是，用第一人称给出反馈。比如说"我担心你的情绪有点不对劲"，或者是"我认为你在后来的比赛中不太注意配合"。而如果用第二人称"你"的话，会带有一些威胁性。因为这样一来，你的意见似乎像是贴标签——"你太自私"，抑或"你的脾气太坏"。

对这个习惯我没有更多要说的了，但是最后还是要重复一遍本章开头那句：你有两只耳朵，却只有一张嘴——这对如何使用它们也是一种启示——你会发现1+1有的时候等于3。

• 幼童学步 •

1. 当你交谈时，你能保持和他/她对视多久？

2. 到商场去找一个座位坐在那里，观察人们如何彼此交流，以及如何运用形体语言。

3. 你今天与人交谈时尝试对一个人用反射法，对另一个人用模仿的方法，就当开个玩笑。比较一下结果。

4. 问一下自己："倾听时的五种坏习惯哪一种在我身上最成问题？是走神？假装在听？时听时不听？听话只听声？还是以我为中心地听？"现在，试着度过甩掉这种坏习惯的一天。

我最需要改掉的不良倾听习惯是：_____

5. 本周找个时间问老爸或老妈："今天怎么样？"敞开你的心扉，真正地倾听，你会对你所了解到的大吃一惊。

6. 如果你特别健谈，那就休息一下，用一天的时间倾听，只是在该说话的时候再说话。

7. 下一次当你发现自己想把感情深藏起来的时候，试着换一种做法，用一种负责任的方式将感情表达出来。

8. 在头脑中想象你富有建设性的反馈真的有助于他人时的情景，找个适当的机会尝试一下。

能从我的反馈中获益的人：_____

第十章
习惯六：协作增效

"高明"的方法

只身一人，我们能做的少而又少；并肩协作，我们能做的很多很多。

——海伦·凯勒（Helen Keller）

你是否曾看到雁群排成人字形飞到南方去过冬？它们为何要这样飞行？科学家们已经得到了一些令人惊讶的答案：

◎ 如果排成队列飞行，整个雁群飞行的路程比单只大雁飞行的距离长73%。当一只大雁拍击翅膀时，就会为后面的大雁制造上升气流。

◎ 当领头的大雁疲劳时，就会轮换到人字形队伍的尾部，让另一只大雁占据领头的位置。

◎ 后面的大雁发出"嘎嘎"的叫声，给前面的大雁鼓劲。

◎ 大雁无论何时掉了队，马上就会感到独自飞行的阻力，很快会回到队伍中来。

◎ 最后，当一只大雁由于生病或受伤而掉队时，有两只大雁会随它一起飞落到地上，帮助和保护它。它们守着受伤的大雁，直至这只雁出现好转或死去。然后，它们会加入新的雁群，或者组织自己的队伍去追赶前面的雁群。

这些大雁可真是聪明！它们借助彼此的气流，轮流占据领头的位置，用叫声相互鼓励，保持队形，关心伤员，从而飞出了比孤雁远得多的路程。这简直让我纳闷，它们是不是学习过习惯六——协作增效？哈哈！

什么叫"协作增效"？概括地说，如果两三个人携手合作，能比单独任何一个人更好地解决问题，这就是协作增效。不是按你的方法或是按我的方法，而是采用一种又好又高明的方法。

协作增效是一种奖励，是你更好地把其他习惯（尤其是双赢的想法和先努力理解别人）付诸实践之后品尝到的甜美果实。学会协作增效就像是学会与别人排成人字形的队列，而不是试图独自在生活中闯荡。你会惊讶地发现，你行进的速度将大幅加快，行进路程将大幅延长！

为了更好地了解什么是协作增效，我们先看看什么不是协作增效。

是协作增效：	不是协作增效：
欣赏差异	容忍差异
团队协作	独立工作
谦逊虚心	认为自己一贯正确
找到新的、更好的方法	折中妥协

协作增效随处可见

在大自然中，协作增效随处可见。高大的红杉树（高度能超过300英尺）一丛丛地生长，共用交缠在一起的庞大根系。如果没有彼此，它们就会被风暴连根拔起。

许多植物和动物以共生的方式生活在一起。如果你看到过小鸟在犀牛背上啄东西吃的照片，你看到的就是协作增效。双方都能受益：小鸟吃饱了，犀牛干净了。

我们都是独特的个体

协作增效并不只是一种现象。这是一个过程。你要为之而努力，努力的基础就是：学会欣赏差异。

如果我们意识到，从某种意义上讲，我们都是独特的个体，那么我们就能比较容易欣赏差异了。

我们学习的方式不同

正如你也许已经注意到的那样,你的朋友或姐妹动脑子的方式与你不同。托马斯·阿姆斯特朗博士(Dr. Thomas Armstrong)把智能分成七类。他说,如果利用自己最擅长的智能来学习,孩子们也许会取得最好的学习效果。

◎ 语言:通过阅读、写作和讲故事来学习

◎ 逻辑与数学:通过逻辑、范例、类别和关系来学习

◎ 身体与运动感觉:通过身体感觉、触摸来学习

◎ 空间:通过形象和图画来学习

◎ 音乐:通过声音和节奏来学习

◎ 人际:通过与别人的互动和交流来学习

◎ 内心:通过自身的感受来学习

每一种都不比另一种更有效,只是不同而已。你也许擅长逻辑与数学,你的妹妹也许擅长人际。你可能会说她是古怪的,因为她的话太多了;你也可能会利用这些差异,让她帮助你改善演讲课的表现。你到底会采取哪种态度,取决于你对多样性的态度。

我们看待事物的方式不同

每个人看待世界的方式不同,对自己、他人和生活有着不同的看法。要想明白我的意思,我们来做个实验。盯住下面这幅画看几秒钟。现在,看看第177页的画,说说你看到了什么。你也许会说,是信笔画出的一只长着长尾巴的小老鼠。

但是,如果我告诉你,你错了呢?如果我告诉你,我根本没有看到什么老鼠,只看到了信笔画出的一个戴眼镜的男子呢?你会重视我的意见吗?或者,由于我和你看待事物的方式不同,你是否会觉得我是个傻瓜?

为了理解我的观点，请再凝神看看本页下方的画，然后，再看看第180页。现在，你看到我所看到的了吗？（你也许愿意找个朋友也来试试这个实验）。

我们的风格、特点和性格不同

以下练习并不是深度分析，而是以一种有趣的方式审视你的总体性格和个性特点。这个练习是北卡罗来纳州的立法学院（Legislator's School）设计的。

看看每一行，在与你最吻合的空格中填"4"。现在，在与你次吻合的空格中填"3"，用同样的方法给剩下的词语标注"2"和"1"，每一行都这样做。

| 富有想象力 | 2 | 勤于研究 | 4 | 实事求是 | 1 | 善于分析 | 3 |

第一栏	第二栏	第三栏	第四栏
富有想象力	勤于研究	实事求是	善于分析
适应力强	爱询问	有条理	爱批判、挑剔
举一反三	富有创造力	直截了当	爱辩论
有个性	敢于冒险	态度实际	学究气
灵活	善于发明	办事精准	系统性
与人分享	独立	有条不紊	通情达理
合作	富有竞争力	完美主义者	逻辑
感觉敏锐	冒险	若干	智力
情感关系	善于解决问题	善于规划	精于阅读
联盟	原创	记忆	考虑周到
自然	改革者	需要指导	评判者
交流	发现	谨慎	推理
体贴	挑战	演练	审查
感受	实验	行动	思考

然后，加出你每一栏的总分（当然不包括例子），把总分写在下面的方框里。

第一栏：葡萄 □　　　第二栏：橙子 □

第三栏：香蕉 □　　　第四栏：西瓜 □

如果你的最高分在第一栏，你就是葡萄。

如果你的最高分在第二栏，你就是橙子。

如果你的最高分在第三栏，你就是香蕉。

如果你的最高分在第四栏，你就是西瓜。

葡萄　与生俱来的能力包括：

◎ 善于反思

◎ 感觉敏锐

◎ 办事灵活

◎ 富有创造力

◎ 倾向于群体工作

葡萄在以下时候的学习效果最好：

◎ 可以与别人合作并共享

◎ 劳逸结合

◎ 可以交流

◎ 没有竞争的环境

葡萄可能难以：

◎ 给出准确的回答

◎ 专注于一件事

◎ 组织

为了拓展风格，葡萄需要：

◎ 更多地关注细节

◎ 不要匆忙行事

◎ 在做决定时不要感情用事

橙子 与生俱来的能力包括：

◎ 实验

◎ 独立

◎ 好奇心强

◎ 探索解决问题的不同路径

◎ 制造变革

橙子在以下时候的学习效果最好：

◎ 能利用试错法

◎ 能产生真正的成果

◎ 有竞争的环境

◎ 自我指导

橙子可能难以：

◎ 满足时间限制的要求

◎ 听从教导

◎ 适应没有多少选择余地的情况

为了拓展风格，橙子需要：

◎ 委派一些责任给他人

◎ 更多地接受别人的想法

◎ 学会分清轻重缓急

香蕉 与生俱来的能力包括：

◎ 规划

◎ 搜寻事实

◎ 组织

◎ 服从指导

香蕉在以下时候的学习效果最好：

◎ 在有条理的环境中

◎ 能有特定成果

◎ 能放心让别人去履行责任

◎ 处在可预料的环境中

香蕉可能难以：

◎ 理解别人的感受

◎ 应对反对意见

◎ 回答"如果……怎么办"的问题

为了拓展风格，香蕉需要：

◎ 更多地表达自己的感受

◎ 听取别人对其自身观点的解释

◎ 别那么僵化

西瓜 与生俱来的能力包括：

◎ 就各种观点展开辩论

◎ 找到解决办法

◎ 分析各种想法

◎ 决定价值或重要性

西瓜在以下时候的学习效果最好：

◎ 能得到各种资源

◎ 能独立工作

◎ 由于智力才干而受到尊重

◎ 遵循传统方法

西瓜可能难以：

◎ 参加群体工作

◎ 接受批评

◎ 婉转地说服别人

为了拓展风格，西瓜需要：

◎ 接受缺憾

◎ 考虑所有的可选方案

◎ 顾及别人的感受

捍卫多样性

幸运的是，这个世界上随处都有珍视多样性的热心人。比尔·桑德斯所讲述的下面这个故事就是捍卫多样性和拿出勇气的精彩例子。

几年前，我曾经见识过令我肃然起敬的勇气。

在一次中学集会上，我讲到了欺负别人的问题，以及我们每个人都可以勇敢地保护别人，而不是贬低别人。然后，我们留出一段时间，所有人都可以离开座位，在麦克风前讲点什么。学生们可以向曾经帮助过他们的人道谢，有些人上来了，而且确实道出了心中的感谢。有个女孩感谢朋友们帮助她挨过了家庭变故，有个男孩谈到了一些曾经在他经历情感危机时支持过他的人。

然后，毕业班的一个女孩站了起来。她走到了麦克风前，指着二年级学生所坐的位置，向全校发出了呼吁："我们不要再贬损那个男孩了。不错,他确实和我们不一样,但我们是一个集体。他的内心与我们没有差别,需要我们的接纳、爱、同情和赞许。他需要朋友。我们为什么总是残酷地对待他,欺弄他?我要向全校发出呼吁,减轻他的重负,给他一个机会!"

我们是多样的美国手语:

差异形成了生活中的挑战,这些挑战为发现打开了大门。

她讲述这一切的时候,我一直背对着那个男孩所坐的位置,我不知道他是谁。但是,全校学生显然都知道。我几乎不敢向他坐的地方看。我想,这个孩子肯定是红着脸,想钻到椅子底下去,让全世界看不见他。但是,当我回头看去,我看到一个男孩咧开嘴大笑着。他的整个身体都一颠一颠的,举起拳头在空中挥舞。他的身体语言说:"谢谢你,谢谢你,说下去,你挽救了我的生活!"

找到"高明"的方法

一旦你接受了这个想法,认为差异是个优势,而不是弱点,一旦你决心至少要尽力欣赏差异,你就为找到"高明"的方法做好了准备。佛教对中庸的定义并不是折中妥协,而是更高明的手段,就像三角形的顶点一样。

协作增效不只是妥协或合作。妥协是 $1+1=1.5$。合作是 $1+1=2$。协作增效是 $1+1=3$,甚至更多。这是一种创造性的合作,强调的是"创造性",总体大于各部分的总和。

建筑工人最了解这一点。如果一根宽4英寸、厚2英寸的横梁能承受607磅的重量,那么两根这样的横梁就应该能承受1214磅的重量,对吧?其实,两根这样的横梁能承受1821磅的重量。如果你把它们钉在一起，就能承受4878磅的重量，三根钉在一起能承受8481磅的重量。音乐家也知道这个原理。他们知道，当C调和G调和谐地搭配在一起，就产生了第三种调——E调。

正如莱尼发现的那样，如果找到高明的方法，就能事半功倍。

在物理实验课上，老师示范了动量原理。我们的任务就是制作一个中世纪那样的弹弓，我们把它叫作南瓜发射器。

我们这一组有三个人——两个男孩和我。我们的差别很大，所以我们想出了许多不同的方法。

我们中的一个人想用蹦极的绳索制作发射器的弹索，另一人想用拉紧的绳子。我们每种都尝试了，但都不太成功。后来，我们找到了一种方法——同时使用这两种材料，弹力比单独的任何一种材料都大得多。这真酷，因为把弹射的距离增加了1倍。

欣赏差异的障碍

尽管欣赏差异的障碍很多，但最主要的障碍有三个：无知，小集团和偏见。

我叫克里斯托。我身高5英尺1英寸，有着金色的头发和褐色的眼睛。不错，是吧？如果我告诉你，我是个失聪的人，你作何感想？

在完美的世界上，这不会也不应该构成问题。然而，我们并不是生活在一个完美的世界上，所以这就成了问题。一旦有人知道我听不见，他们的态度就完全变了。突然之间，他们开始以不同的态度看待我。人们的反应会让你感到吃惊。

我遇到的最常见的问题是："你怎么会失聪的？"当我告诉他

们之后,他们的反应也像问的问题一样如出一辙:"噢,真抱歉。太惨了。"每当发生这种情况,我干脆直视他们,冷静地告诉他们:"不,真的,一点都不惨。不要道歉。"无论他们的意图多么善良,但怜悯总是让我不舒服。

并非所有人的态度都会让我奋起自卫,有些想法简直滑稽透顶。我正在和朋友打手语,一个我不认识的傻瓜走了过来,打开了话匣子。

"失聪像是什么感觉?"

"我不知道。能听见东西又是什么感觉?我是说,没法说'像什么感觉'。该什么样就是什么样。"

你看,就是这样:如果你遇到失聪的人,不要把他们当作残疾人或者不幸的人。相反,要花些时间了解他们,探究失聪究竟是怎么一回事。如果能这样做,你不仅会敞开心扉地了解别人,而且更重要的是,你能了解自己。

想要与那些你乐于交往的人待在一起并没有错,只有当你这群朋友排斥外人,拒绝接纳所有与自己不同的人时,这才会成为问题。

你是否曾经由于肤色不同、口音太重或者住在城镇的另一边而遭遇别人的成见、偏见或被起绰号?我们不是都有过这样的经历吗?这不是一种病态的想法吗?

实现协作增效

下表列出了帮助你实现这一目标的五个简单步骤,看看它是

如何发挥作用的:

实现协作增效的行动计划
明确问题和机遇所在
他人的方法
(首先要努力了解别人的想法)
我的方法
(然后阐述自己的想法,争取别人了解)
集体头脑风暴
(形成新方案和新想法)
高明的方法
(找到最佳解决方案)

复印这个行动计划,把它放在你经常能看到的地方。

看看下面这个高中生是怎样实现协作增效的。

我们要举行班级舞会了。我想穿自己在时装杂志上看到的一款裙子。唯一的问题在于,这种裙子对我来说太短了,因为我的个子很高,我知道妈妈会不乐意的。

那天晚上,我们坐下来讨论了班级舞会的事情,以及谁会邀我外出。我给她看了杂志里的那条裙子,不出我所料,她说:"绝对不行,太短了。"我让她发表自己的意见——她觉得我该怎么做,以及我应该到哪儿去买衣服。

我根本不赞成她的观点,但她显然固执己见。然后,我们开始无拘无束地交流想法,讨论我可以怎么做。其中一个想法就是找个裁缝,看看她是否能缝制一件让我们两个人都满意的衣服。我给朋友打了个电话,找到了一个裁缝。很快,我们就开始计划、购买布料和设计款式了。缝制好的裙子漂亮极了,很有个性,和别人的衣服都不一样。此处,不但我花的钱没有平时多,我的朋友也都很喜欢这条裙子。

团队工作和协作增效

出色团队的成员往往有五种以下不同类型,每类成员都发挥着不同但重要的作用。

苦干者。他们兢兢业业,一直苦干到任务完成。

追随者。他们非常支持领导,如果他们听到了好主意,会火速加以实施。

革新者。他们是富有创造力、点子多的人,他们能制造生机和活力。

协调者。因为他们愿意与别人合作而且鼓励合作,他们会提供团结和支持,并且是出色的协作增效者。

展现者。和他们一起工作很有趣,但他们有时很难对付。他们往往为团队的成功添加了必要的趣味和动力。

出色的团队工作就像一部伟大的乐章。所有的人声和乐器可能会同时发声或奏响,但它们不是在相互较量。单独地看,乐器和人声会发

出不同的声音,奏响不同的音符,出现不同的停顿;不过,它们交织在一起,就形成了一种全新的音响效果,这就是协作增效。

团队工作和协作增效的美妙的副产品就是:它能加强情感关系。

•幼童学步•

1. 当你遇到身体有残疾或有伤痛的同学或邻居时,不要为他们感到难过,也不要因为不知道说什么而躲开。相反,你要主动去和他/她认识。

2. 下一次,当你和家长出现分歧时,试试实现协作增效的行动计划。1)确定问题所在。2)听他们说。3)谈谈你的看法。4)集体自由讨论。5)找到最佳解决方案。

3. 与你信任的成年人讨论个人问题。看一看,在交换看法后,你们是否会对你的问题产生新认识和新想法。

4. 本周,环顾四周看看你周围有多少协作增效的现象,比如两只手协作、团队工作、大自然中的共生关系和创造性的解决问题的做法。

5. 想想让你恼火的某些人,他们有什么不同?
你能从他们那里学到什么?

---

6. 与你的朋友开展集体自由讨论,想出可以在本周末开展的有趣、新颖而又别致的活动,而不是总反复做老掉牙的事情。

7. 就你对以下各类差异的态度作出选择。你是回避者、容忍者还是欣赏者?

	回避者	容忍者	欣赏者
种族			
性别			
宗教			
年龄			
衣着			

为了成为每个类别差异的欣赏者,你可以做些什么?

_____

_____

_____

_____

第四部分

恢复和更新

第十一章
习惯七：
磨刀不误砍柴工

该是"我自己的时间"了

> 未雨绸缪才能防患于未然。
> ——约翰·肯尼迪（John F. Kennedy），美国前总统

"你在做什么？"你问道。

"我在锯树。"那人回答说。

"你锯了多久了？"

"已经4个小时了，不过进展还不错。"他说着，汗水顺着脸颊滴了下来。

"你的锯看起来很钝。"你说，"为什么不把它磨快了再锯呢？"

"你真傻,我怎么能停下来,没看我正忙着嘛。"

说到这儿,谁是真的傻瓜,不言自明,对吧?如果这个人停下手来用15分钟的时间把锯好好磨一磨,他锯树的速度可能要比现在快3倍。

你是否曾因忙于开车而没时间加油?

是否也曾为生活所累而无暇休整?

习惯七的宗旨就是让你始终保持敏锐,以便能从容应对生活。这意味着要对生活最关键的四个方面——身体、头脑、情感、心灵定期进行休整、恢复、充电和更新。

身体	**健康方面** 运动锻炼、健康饮食、睡眠充足、精神放松
头脑	**智力方面** 阅读、教育、写作、学习新技能
情感	**情感方面** 建立情感关系(情感关系账户,个人银行账户),帮助他人,笑口常开
心灵	**精神方面** 勤于思考,写日记,做祈祷,阅读优秀的报刊杂志……

平衡更佳

古希腊有句名言"适可而止",就是提醒我们保持平衡的重要性,告诫我们生活的这四大方面缺一不可。有些人耗费大量时间健身却忽视了头脑。还有些人智力发达,大脑可以负重400磅的杠铃,但是却任由体力衰退,甚至不参加社会活动。要使自己保持最佳状态,必须努力保持四个方面均衡发展。

为什么平衡这么重要？因为在人的体、脑、心、神四个方面中，某一方面的状况如何都会对其他三个方面产生影响。细想一下，如果汽车的一个轮胎出了问题，所有四个轮胎都会受到不同程度的磨损，涉及的不仅仅是那个坏轮胎。如果人累得筋疲力尽，很难待人友善。反过来也是如此，当你感觉动力充沛且发自内心，就更容易集中精力学习，也会友善待人了。

记得我上学时，读过许多伟大艺术家、作家、音乐家的故事，像莫扎特、凡·高、贝多芬，还有海明威。他们当中相当多的人似乎在情绪感情上都陷入了困境。为什么？我和你一样也不知道，但我推测，根本原因在于他们失去了平衡。他们过于注重某个方面，如音乐或艺术，而忽视了生活的其他方面，从而迷失了方向。

关爱你的身体

随着青春期的来临，你的声音会变，荷尔蒙激素会飞快增长，身体的曲线和肌肉也开始全面发育起来。你应该对自己身体的新变化表示欢迎。

实际上，无时不在变化之中的身体真的是部奇妙的机器。你能呵护它，也能虐待它；你能控制它，也能被它所控制。一句话，你的身体是个工具，如果你对它精心照顾，它就会好好为你服务。

以下是青少年保持自身生理健康的十种方法。

1. 吃好
2. 洗澡解乏
3. 骑自行车
4. 举重

5. 睡眠充足

6. 练瑜伽

7. 体育运动

8. 散步

9. 挺直身子

10. 有氧运动

保持健康体魄的四个关键是养成良好的睡眠习惯、身心放松、营养充足和适当锻炼。这里我集中讲述营养和锻炼。

吃什么长什么样

人们常说吃什么长什么样,此话不无道理。尽管不是营养学方面的专家,但我发现必须牢记两大经验法则。

第一个法则:听从身体需要。特别留意你对不同食品的感觉如何,并由此形成适合自己身体需求的"要与不要"。第二个法则:适可而止。对于许多人来说(包括我在内),稍不留神就会走极端,很难做到适度。偶尔吃一点垃圾食品也不会伤身体(我是说,如果没有这些诱人的小吃做点缀,生活会是什么样),只是不要让它成为你的日常食品。

美国农业部的金字塔形饮食配方是我全力推荐的一套平衡适度的营养配方。它鼓励人们多吃全麦食品、水果、蔬菜和低脂奶制品,少吃快餐、垃圾食品和零食等常常含有大量脂肪、糖、盐和其他调味品的食品。

要记住,饮食影响情绪,因此在吃的方面含糊不得。

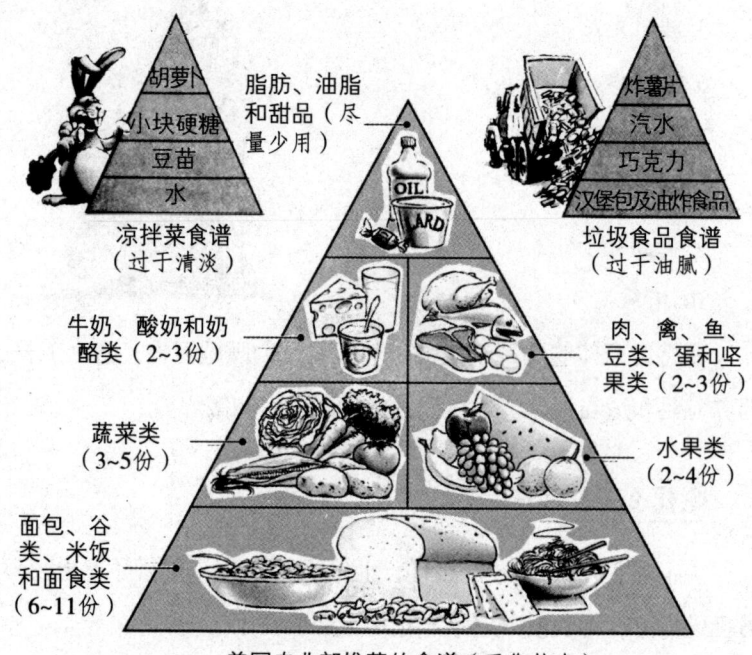

美国农业部推荐的食谱（平衡饮食）

不用则废

有一部电影我很喜欢，叫《阿甘正传》，讲述的是亚拉巴马州一个天真善良的年轻人总在不由自主之中磕磕绊绊地取得成功的故事。电影中有一个情节，阿甘对自己感到灰心、困惑。这时他怎么做？他开始跑，不停地跑，从海岸这头跑到那头，来回跑了两圈半之后，他觉得好多了，终于做出了自己的人生抉择。

说不出哪一种运动方式最好。许多青少年喜欢对抗型运动，有人则喜欢跑步、走路、骑自行车，室内溜冰、跳舞、做操或举重，还有人只是喜欢到户外走走。要达到最佳锻炼效果，每星期至少运动三次，每次锻炼的时间在20至30分钟之间。

不过需要提醒的是，在锻炼身体强健体魄的同时，千万不要对自己的外表过分在意。

丰富你的头脑

我曾经听到过这样一则民间故事，一个年轻人来找绝顶聪明的大哲学家苏格拉底，并说："我想知道你所知道的一切。"

苏格拉底说："如果这是你的愿望，那就随我去河边吧。"年轻人满腹狐疑，跟着苏格拉底来到附近的小河边。他们在岸边坐下，苏格拉底说："你仔细看看这条河，再告诉我你都看到了什么。"

年轻人说："我什么也没看见。"

苏格拉底回答说："再仔细看看。"

当那人在岸边凝视，身体向前凑近河水时，苏格拉底突然抓住他的头按入水中。年轻人挣扎中使劲儿扭动着胳膊，却被苏格拉底死死按在水里。就在那人快要淹死的一刹那，苏格拉底把他从河里拖上来放倒在岸边。

年轻人一个劲儿地咳嗽，上气不接下气地说："老先生，你疯了吗？你想干什么，杀了我？"

"在我把你按在水中的时候，你最想要什么？"苏格拉底问。

"我想要呼吸，想要空气。"年轻人答道。

"我年轻的朋友，不要误以为智慧能那么容易得到。"苏格拉底说，"当你想学习的愿望像刚才需要空气那么迫切时，再来找我好了。"

此处要说明的观点很清楚：生活中没有什么能够轻而易举地得到，你必须付出代价。你应把这句话写在纸上，记在心里，还要画上重点符号。

习惯七"磨刀不误砍柴工"中，智力方面指的是通过在校学习、课外活动、业余爱好、勤工俭学和其他丰富头脑的经历来扩展知识。

开启未来的钥匙

我曾经在一次调查问卷中问过一群少男少女："你们害怕什么？"令我惊讶的是，说自己对保持优良的学习成绩、上大学以及今后找个好工作感到担忧的人相当多。有一个孩子说："我们该怎么做才能确保自己能找到一份理想的工作自食其力呢？"答案其实再简单不过了。要么你试着去买彩票中大奖，你中奖的概率大约是一百万分之一，要么你有一个博学多才的头脑，它将给你提供确保一份好工作并自食其力的最佳机遇。

那个苏格拉底教育孩子还真有一套！

我的建议是，接受的教育越多越好。高中以后接受的任何教育——攻读大学学位、职业或技术培训、实习或军训——都很值得你花费时间和金钱,权当是给你未来的一次投资。统计数字表明,大学毕业生的薪水大约比高中毕业生多1倍,而且这种差距似乎正在扩大。不要把缺钱作为你不再继续接受教育的理由。

不断充实大脑

扩大知识面有各种各样的方法,不过,最好的方法莫过于阅读。俗话说,读书益智,运动健身。阅读是其他方面的基础,而且不需要像旅游等其他方法那样,要花很多钱。

寻找乐趣所在

在你需要耐着性子学习一些自己不感兴趣的课程的同时,找一些自己确实感兴趣的科目,并不断地积累、丰富。听选修课、查阅图书、看与这个科目有关的电影,别让学校成为你受教育的唯一方式,要让整个世界都成为你学习的天地。

我曾经采访过一个严重依赖右脑的男孩,名叫克里斯,他对我讲了他是如何艰难地适应学习并发现自己所长的。

在上学之前我一直是个快乐的孩子,后来同学们发现我有学习障碍,他们总是指着我叫我的名字。我学数学、英语和语法都很吃力,还记得有一天上课时分组,和我分到一组的一个女孩子站起来指着我说:"我不跟这个弱智一个组。"那一刻我感觉糟透了。

从小学到初中,我几乎不能阅读。有一天,一位专家在对我进行了一系列测试之后来到我家,对我妈妈说,这孩子永远学不

会阅读。妈妈听了非常生气,把专家赶出了家门。

几年之后,我升入高中一年级。有一天随便拾起一本科幻小说,令我感到意外的是,突然之间阅读对我来说变得轻而易举。书中的情节激发了我的想象,句中的单词不再是单词,而变成了我脑中的画面。我读完了这本小说的几部续集,又开始读其他书,读书和学习令我兴奋不已。我的词汇量大增,开始有更好的语言表达,使用更多的词汇。

也就是在这个时候,我开始显现出艺术方面的特长。我知道我对形状和颜色有着独到的眼光,在水彩画、油画、绘画、素描和设计方面颇具天赋。我还能写得一手好文章,我写自己的经历,写诗。高中快毕业时,我的画作在很多艺术馆展出,我的信心百倍。

你必须主动想要才行

最后一点,丰富头脑的关键在于产生想学习的愿望,你真的开始渴求它了。你开始因学习而变得兴奋,你开始乐意付出代价。下面这个故事里的主人公就在学习面前感受到无法抗拒的诱惑力,他付出巨大的代价,只是为了得到读书的乐趣。对他来说,读书如同"呼吸空气"。

厨房门开了——我被抓个正着,毫无准备。我来不及隐藏"证据":它暴露在光天化日之下,没遮没挡,就在我的腿上放着。我那喝得醉醺醺的父亲涨红了脸摇摇晃晃地走到我面前，怒目而视，一副气势汹汹的样子，我的腿开始哆嗦。那年我9岁，我知道我又要挨打了，想逃也逃不掉，因为父亲发现了我在读书……

我父亲就像他的父母一样，也是酒鬼。他此前打过我多次，而且一次比一次厉害。此后多年他又多次打我，而且越来越凶，直到最终我16岁高中辍学，离家出走。然而，和酗酒等其他虐待相比，他反对我小时候读书的那份固执与狂暴更令我无法容忍，让我觉得夹在了过不去的鬼门关中，因为我不愿也不能停止读书。驱使着我去读书的不只是好奇心，还有心理需求——一种无法抑制的需求，使自己觉得仿佛身处异乡……于是，我与父亲抗争——就像我刚刚回忆的那样，常常要为抗争付出代价，但我认为值得。

这个故事的主人公沃尔特·安德森（Walter Anderson），如今是个大名鼎鼎的主编，在许多文学机构的董事会任职，自己写了四本书。沃尔特继续写道：

小时候，我生活在一个充满暴力的家庭和邻里环境中。但有一个地方我能去——一所图书馆——而且图书馆里所有的工作人员都鼓励我读书。他们允许我翻阅任何一本书，去任何地方，做任何事情。我能想象自己走出了贫民窟。在我凭借自身努力真正脱贫致富之前，书海里的畅游使我感觉早已摆脱了贫困。

如果你到现在还没有为自身教育而付出代价，那么从现在开始，亡羊补牢，未为晚矣。如果你能学会正确地思考问题，未来将是一扇敞开的机会之门。一切都在于脑力，去看书吧。

呵护你的情感

傍晚时分传来了敲门声。

"会是谁呢?"

我打开门,看见我19岁的小妹妹站在门外,一边喘着粗气,一边抽泣着。

我把她领进门,问道:"怎么回事?"尽管我非常清楚出了什么问题,因为这种哭闹剧已经是一个月以来的第三次了。

她擦着哭得红肿的眼睛,哽咽着说:"她太可气了,我简直不相信她会那样对我,真是太差劲了。"

"这次她又怎么着你了?"我问道。我听到过几回相当有趣的闹剧,迫不及待地想知道这次是否会出什么新花样。

"你知道,她叫我去她家做功课。"小妹嘟囔着,"正做着,另外几个女生来找她,她竟然不理我了。"

"别跟她计较。"我赶紧劝她道,"我过去也常干这种事儿。"

"可我们是好朋友都两年了。"她号啕大哭起来。

"呜!……"

她伤心极了。但我知道用不了几个小时或者几天,她又会把她看作是自有面包片以来最伟大的人。果真,几天后她又成了令她着迷的偶像。

你也有过和我妹妹类似的感觉吗?如同坐在感情的过山车上,忽高忽低,忽上忽下?也曾感到自己是世界上最喜怒无常的人吗?无法控制自己的情绪?如果真是这样,那就欢迎你加入我们的俱乐部,因为那些感觉对青少年来说是十分正常的,要知道,你的心是个变化无常的东西，它需要不断的补给和抚慰，就像你的身体一样。

休整、恢复和抚慰情感的最好方法就是重视建立友好关系，或者说在你的"关系银行账户"和"个人银行账户"上定期存入款项。

每当开始新的一天，你就要寻找机会进行"存款"并建立持久的感情，真心倾听朋友、父母、兄弟、姐妹的心声，而且不求任何回报。每天多说赞美之话，给别人以支持。如果你告诉父母打算回家，就一定要说话算数。

相信自己一定会成功

人有时感到心情沮丧是十分正常的。不过，心情沮丧与长期忧郁有很大区别。如果很长一段时间都生活在极度痛苦之中，绝望的感觉似乎总也挥之不去，问题就很严重了。幸好，忧郁是可以治疗的。要毫不犹豫地寻求帮助，可以服药治疗，也可以请教这方面的专家。

如果你想要自杀，请认真听听我的忠告，珍惜宝贵的生命。你一定会成功的。相信我，一切都会好起来的。你是社会的财富，社会需要你。噩梦终将过去……每次都是如此。有一天当你回味这段经历时，会为自己坚强地挺过来而感到欣慰。正像这里一位年轻女士所感受的那样：

和许多年轻人一样，我是一个家庭条件优越，本该无忧无虑生活的人。然而，我却遇到了麻烦。上初中和高中时，朋友对我来说变得尤其重要，而我对家庭生活却似乎十分厌烦。我每天迫不及待地从家出来，就是为了和我的那些好朋友待在一起。两年的时间里，书中提到的每样坏事我几乎都干过，但这并没有使我的感觉有任何好转，甚至恰恰相反。

我开始连回家都害怕，那种痛苦的感觉几乎使我不愿走进那个阳光融融、温馨宁静、美味飘香的家，一切似乎都那么完美，让我觉得自己实现不了他们对我的种种期望。不知为什么，我就是适应不了那种气氛。我没能令他们感到骄傲，而只会让他们不开心。我但愿自己已经死去了。在这种念头的驱使下，我真的有过好几次自杀的冲动。

我一直坚持写日记，直到今天，每当看到我曾经那样与死亡擦肩而过就心有余悸。如今，才事隔几年，我已成为大学里的全A优等生，业余生活十分丰富，还有个非常爱我的男朋友，和家人也相处得特别融洽。我有着太多的计划，太多想做的事情。我热爱生活，有着太多的期盼，我不敢相信自己曾经有过那样的感觉，但那是事实。几次噩梦般的经历使我意识到，我应该改变自己。感谢老天，我还活着。

请记住，你如今经历的苦难终将成为人生中巨大的力量源泉。正如诗哲纪伯伦（Kahlil Gibran）所写的那样："我们那涌溢欢乐的井泉，也常常充满了眼泪，悲哀的创痕在我们身上刻得越深，我们就能容受越多的欢乐。"

不笑则衰

还有最后一个对保持情感健康至关重要的因素，这就是笑。对……大笑！非洲有句谚语：Hakuna matata！也即，没有烦恼忧虑！（译注：《狮子王》中野猪彭彭和狐狸丁满让小狮子忘记烦恼时教他念的"咒语"。）别担心，高兴点！生活有时就是这么捉弄人，让你感到无可奈何，所以不如一笑了之。

有证据表明，笑还有助于增进健康，加快身体的康复。我听过几个有关重症患者借助大剂量笑疗恢复健康的报道，笑还能帮助修复人与人之间受损的关系。就像企业家维克托·博奇（Victor Borge）形容的那样："笑是两个人之间最短的距离。"

如果你不多笑，又怎么能重新开始呢？我的建议是开辟自己的"幽默收藏"天地，收集书籍、卡通形象、录像带、创意——所有你觉得感兴趣的东西。在你感到沮丧或想不开的时候，就来这里光顾一下。

当奇怪而又可笑的事情发生在自己身上时，要学会自嘲，因为这些事情注定是要发生的。有人曾经说过："人能秘密备用的最佳手段之一就是幽默感。"

关爱你的心灵

什么会打动你的心灵？一部感人的电影，还是一本好书？你可曾有过看电影时被感动得落泪？真正打动你的又是什么？

什么能触动你内心深处？是音乐，是艺术？还是置身大自然之中？

说到心灵，我所指的是深藏在你外表之下的内心自我。你的灵魂就是你的核心，那里隐藏着你最深层的信念和价值观。它是欲望、企图和内心宁静的根源。在这个人生的精神领域，"磨刀不误砍柴工"意味着花时间重塑或唤醒内心自我。著名作家赛珍珠（Pearl S. Buck）这样写道："在我的内心里，有一个独立生存的空间，那就是你浇灌那永不干涸的心泉的地方。"

如何滋养心灵

作为一名青少年，我从写日记、欣赏美妙的音乐和登山获取生活的动力。这是我滋养心灵的方式，尽管当时我并不这么认为。

心灵是你人生中极为隐秘的区域。当然，滋养的方式也有很多。以下是青少年们常用的几种做法：

◎ 沉思

◎ 为他人服务

◎ 写日记

◎ 散步

◎ 阅读激励人的好书

◎ 绘画

◎ 祈祷

◎ 写诗或作曲

◎ 深思

◎ 听振奋人心的音乐

◎ 演奏一种乐器

◎ 信仰

◎ 与能够彼此敞开心扉的朋友交谈

◎ 反省自己的目标和使命宣言

以下是一组滋养心灵的技巧，特供参考。

回归自然。回归自然有着不可思议的魔力，因为自然是无与伦比的。即使你居住在远离河流、大山、沙滩的市区，通常也会有一个附近的公园可以逛逛。

上高中时，我曾经历过一段特别黑暗的日子，似乎天都要塌下来了。就在那时，我发现了这条河。其实那只不过是靠近老农家后院长着几棵树的一片岸堤，看上去也没什么，但它却成了我的世外桃源。四周既见不到人影，也听不到人声。我觉得这里很美，在河里游上一圈让我感觉融化在大自然的宁静中。只要感到有些压抑，我就会来到这里，似乎在这里才能使我恢复平静。

有些人为求别人指点迷津而参加一些宗教团体，但对我来说却很难做到。我的确信教，而且还很虔诚。可有时起个大早去教堂祈祷却让我觉得不舒服，因为我到了那里每个人都在说："高兴一点，一切都会保佑你的。心诚则灵，上帝也会保佑你全家的。"在我看来那都是空话。家庭不会总是一帆风顺，我的家庭生活就糟糕透了。

然而，来到河边，这片静土却不会对我品头论足、指指点点，它只是静静地躺在那里。伴随它的是安宁与祥和，而这正是希望平静下来的我所需要的一切，它让我觉得一切都会平安顺利。

写日记是青少年最好的朋友。就像走进大自然一样，写日记也是启迪心灵的灵丹妙药。它能成为你的安慰、你最好的朋友，无论你感到多么气愤、高兴、害怕、爱恋、危险或困惑，它是你能够毫无保留地表露内心的隐秘之地。

写日记还能增强自我意识。这是一种乐趣，读一读过去的日记，能认识到自己成长了许多，从前的你是那么的愚蠢和幼稚，对某个男孩或女孩是多么的着迷。写日记没有什么正规的形式，可随意地将纪念品、票根、字条等一切值得纪念的东西贴在日记里。我的旧日记本里尽是些低劣的艺术品、蹩脚的诗歌和奇特的味道。

艾利森就给自己写小条，将其保存在一个特别的小盒里，她称其为神宝箱。凯雷则是靠一本《感恩集》来反思自己。

我有本书，帮助我在生活中更加积极上进，我给它取名为"感恩集"。在这本书里，我写下一天中发生的令我感动或催人上进的事情。这本书改变了我的生活，并使我对事物有了全面客观的认识，因为我挑选的都是些我周围发生的好事而不是坏事。不像写日记那样，把好事坏事都记下来。我也坚持写日记，但两者是有区别的。在感恩集中，有一个部分，列出了我最喜爱的歌曲、最喜欢的接触（哥哥的拥抱）、最爱听的声音（妈妈的笑声）、最喜欢的感觉（凉风）等等。我还记录一些很小的事情，如"布赖恩主动帮我擦桌子"，"约翰今天特意走过来和我打招呼"，这些事情给人感觉很好。当我回过头来看这本书时，就会记住这些美好的事情，而所有令人不愉快的事情则随着忘却的记忆而消逝，也不再因此而烦恼。

我把一本感恩集送给别人看，他们说的确受益匪浅。用我的话说："只有自己才能使自己开心——其他任何人都无济于事。"

你能够做到

可能你在不知不觉之中已经做了许多磨刀的工作。如果你学习非常用功,你就是在充实头脑。如果你注重运动和保健身体,你就是在保护身体。如果你致力于发展友谊,那就是在建立感情。你常常能够同时进行多方面的充电。梅拉尼曾告诉我她是如何在骑马时做到这一点的。骑马运动本身锻炼了身体,在骑马时沉思又能启发心智,而置身大自然之中还可以陶冶心灵。于是我问她:"那情感交流呢?骑马怎么培养感情?"她回答说:"我和我的马更亲近了。"我猜想,马也能通人性吧。

磨刀不误砍柴工不能只是偶尔为之。由于它是"第二象限"中的一项内容(重要但并非当务之急),因此你必须采取主动、付诸实施。最好的办法是每天拿

出一定的时间,哪怕只有短短的15或30分钟也行。有些青少年每天都划出一个特定的时段——清晨、课后或临睡前——独自一人,或沉思,或锻炼。还有些人喜欢把它安排在每个周末。对此没有一个固定的模式——只要找到最适合自己的方式就行。

有人曾问亚伯拉罕·林肯:"如果给你8个小时锯倒一棵树,你会怎么做?"林肯回答说:"我会用前4个小时的时间磨快我的刀锯。"

• 幼童学步 •

身体

1. 吃早饭。

2. 今天就开始一项锻炼计划,并保证坚持30天。走路、跑步、游泳、骑车、溜旱冰、举重等等,选择一些你真正感兴趣的项目。

3. 改掉一种坏习惯并坚持1周,不饮酒,不喝软饮料,不吃油炸食品、巧克力等有害食品。1周以后,看看自己的感觉如何。

头脑

4. 订阅有教育意义的杂志,如《兵器知识》或《国家地理》。

5. 每天看报纸或上网看新闻,特别要注意头条新闻及观点评论。

6. 再聚会的时候,可参观博物馆,或去一家民族特色餐馆,扩展视野。

情感

7. 陪同妈妈或爷爷奶奶(姥姥姥爷)一起外出散步,看球赛、看电影、购物或吃冰激凌。

8. 从今天开始建立你的幽默集。剪下喜爱的卡通画,买影碟看,或开始积累开心笑话,很快你就会有沮丧时的避难所了。

心灵

9. 今晚看日落,或明天清晨早起看日出。

10. 如果还没有坚持写日记的习惯,就从今天开始吧。

11. 每天花一些时间思考问题,反思自己或祈祷。

第十二章 不要放弃希望

孩子,你能搬动大山

几年前,黑人牧师杰西·杰克逊(Jesse Jackson)曾在民主党全国代表大会上演讲,演说辞中震撼人心的一句话在会上激起热烈反响,他只说了几个字:"不要放弃希望。不要放弃希望。不要放弃希望。"

他一遍又一遍地重复着这句话,就好像一个永不消逝的声音。人群中掌声雷动。你能感觉到他声音里那份真挚的情感,他的话感动了在场的每一个人,他创造了希望。

这就是我写这本书的初衷——给你带来希望!希望你能有所改变,戒掉毒瘾、改善与至亲的关系。希望你能找到自身问题的答案，充分发挥你的潜力。即便是你的家庭生活一团糟、你的考试不及格、你唯一的情感依托就是你的小猫（而连它近来也令你感到失望），仍然不要放弃希望。

如果读完这本书后，你感到东西太多，一下子不知从何着手，那我建议你采取下述方法：快速翻阅每一章，找到各章的要点，或扪心自问："哪种习惯对我来说培养起来最困难？"然后，选择其中两三个作为主攻目标（不要一下选很多，恨不得一口吃成胖子）。把它们写下来放在自己能够经常看到的地方，每天激励自己，不要再犯错误。

万事开头难，但不久你会惊奇地发现，这一切会带来一些小小的变化。渐渐地，你的自信在增加，你会感到更快乐，会自然而然地进步，你的目标也会变为现实，你会感觉心里踏实，内心中充满希望。

如果某种习惯或观念真的令你印象深刻，比如"积极主动"或"关系银行账户"，要想把它消化吸收并融于自我意识之中，最好的方法是，当你对它还抱有新鲜感时讲给别人听，用你自己的例子和语言说服他们。谁知道呢？说不定他们真的被你说动了，愿意与你共同努力。

如果你发现自己在退步或达不到要求，不要气馁。别忘了，正像飞机的航班一样，当一架飞机起飞时，都有一个航班计划。然而，在飞行途中，刮风、下雨、气流、交通堵塞、人为失误或其他因素都可能使飞机偏离航线。事实上，飞行途中90%的时间都在偏离航线，只不过飞行员通过观测仪表并保持与地面指挥塔联系，不断地校正小的偏离，才保证了飞机最终到达目的地。

如果你要不断地调整飞行计划，90%的时间都感觉好像要偏离航线——那又怎么样？只要你坚持原定计划，不断地做出小的调整，始终抱着希望，那么，最终就一定会到达目的地。

到这里，该是这本书和你说再见的时候了。感谢你一路和我同行，也祝贺你到达了终点。我只是想让你知道，我对你的未来充满信心，你一定能有所作为。永远记住，你的天赋不比任何人差。你没必要左顾右盼，力量与光明就在你自己的心中。

在停笔之前，我想用自己最喜爱的一句鲍勃·莫瓦德（Bob Moawad）的名言作为结束语：

你无法坐在原地，却想在岁月的沙滩上留下你的足印。

而谁又愿在岁月的沙滩上只留下自己臀部的痕迹？

祝万事如意，再见！

现在，在这本书即将结束，而你的旅程即将开始的时候，写下你中意的名言作为结束语吧！

_____

_____